wandern

© Tomus Verlag GmbH, München 1991
Alle Rechte der Verbreitung, auch durch Fernsehen, Funk, Film,
fotomechanische Wiedergabe, Bild- und Tonträger jeder Art, sowie
auszugsweiser Nachdruck vorbehalten.
Druck: Dr. Cantz'sche Druckerei, 7302 Ostfildern 1 (Ruit)
Bindearbeiten: Sigloch Buchbinderei, Künzelsau
2 3 4 5   95 94 93 92 91
Auflage   Jahr
(jeweils erste und letzte Zahl maßgeblich)
ISBN 3-8231-0186-2

wandern

Ein fröhliches Wörterbuch für Flachland-, Berg-,
Rad-, Wasser- und Wattwanderratten. Für Fußkranke
und ihre Sanitäter, Hüttenwirte und Zwangsrekrutierte Familienangehörige.

Von Nikolaus Bavarius
mit Zeichnungen von Johann S. Schrank

*Für Helga
und Rudi !*

Als kleine Erinnerung an unsere

Wanderungen in der Hoffnung

auf viele, viele weitere . . . .

Alles Liebe   Christl + Peter

A

Abendrot

Gefühlsregung des Himmels, wenn er sieht, was für Gestalten in welch einer Verfassung sich da außer zünftigen Wanderern noch auf die Hütte zubewegen oder mit was für Klapperkisten einige Radwanderer die Straße unsicher machen.

Abfall

Es gibt drei Sorten von Wanderern, die 1959 vom Bundesgesundheitsamt national qualifiziert und eingeteilt wurden: a) sogenannte Wanderer (4 Prozent), b) Spaziergänger (9 Prozent) c) richtige Wanderer (98 Prozent). Aussagekräftig wie alle merkwürdigen Prozentzahlen und Statistiken, sagt aber nur die Praxis aus, wie die Wirklichkeit aussieht. Die Wanderer sind am besten nämlich anhand des Abfalls zu unterscheiden. Von der einen Sorte Wanderer fällt der Abfall mitten im Wald ab und bleibt dort liegen. Dieser Abfall wird von der zweiten Sorte ignoriert oder höchstens beschimpft und von der dritten Sorte Wanderer kostenlos und unauffällig wieder eingesammelt. Ergo: Es ist nicht alles Wanderer, was durch den Wald hetzt. Aber den liebenswürdigen 98 Prozent ist dieses Lexikon ganz besonders gewidmet.

Abstieg

Sich herablassen, in einer Absteige (Matratzenlager) zu übernachten, wo man normalerweise nicht einmal nach dem Weg fragen würde. Es spricht aber gerade dieser Umstand für die Toleranz und Beweglichkeit der zünftigen Wanderer, sich den unmöglichsten und aberwitzigsten Gegebenheiten elegant (siehe auch Modenschau) anzupassen. Vergleiche Muskelkater.

Abzeichen   Orden- und Ehrenzeichen, die, an den Hut gesteckt, an den Wanderstab genagelt, an die Heckscheibe geklebt, stolz und selbstbewußt aller Welt vermelden, wo es einmal lang ging.

Achillesferse   Empfindliche Stelle am Fuß eines Nichtwanderers, die ihn angeblich, ohne daß man ihm das Gegenteil beweisen kann, am Wandern hindert. Diesen Individuen ist der Wind mit dem Vorschlag einer Radwanderung aus den Segeln zu nehmen.

Adrenalin   Treibstoff im Blut, durch den üblichen Streß bei der Maloche verursacht, der einen aber Gott sei dank in die Wanderschuhe, aufs Fahrrad oder ins Paddelboot und raus auf die Strecke treibt.

Affekt   Der plötzliche Entschluß, am kommenden Wochenende mit der Familie eine Wanderung zu unternehmen.

Aggression   Der plötzliche Entschluß, am kommenden Wochenende bei dieser Wanderung nicht mitzumachen.

Ahaerlebnis   Die plötzliche Erkenntnis, an jedem Wochenende immer und immer das mitmachen zu müssen, was Vati will. (Originalton Vati, jeden Sonntag: ,,Aha, heute ist ja endlich 'mal wieder Wanderwetter!'')

Ai   Faultier, bekannt aus allen Kreuzworträtseln. Vergleichbar mit unwilligen, abhängigen oder minderjährigen Familienangehörigen eines passionierten Wanderers.

Alm   Sündenfreie Region in bayerischen Wandergebieten, wo man deshalb seine heiratsfähigen Töchter oder auch die

Ehefrau bedenkenlos und unbeaufsichtigt übernachten lassen kann. „Af drr Oim, do giebts koa Sünd" ist die mit Abstand zuverlässigste Information, die man in Süddeutschland überhaupt erhalten kann.

Almabtrieb   Freudige Bewegung nach unten, fröhlich der Erdanziehungskraft nachgebend. Gegen 15 Uhr hat die Mutti nämlich dann endlich genug von der Herumlatscherei, und sie treibt die Familie sanft, aber energisch auf einen Wanderweg, der angenehm bergab auf ein Café zuführt. Dieser Weg ist ganz besonders jeden Sonntag um die gleiche Uhrzeit von unzähligen treibenden Muttis, geschmückt mit der ganzen Familie, bevölkert.

Altenhilfe   Wanderstab.

Altweibersommer   Schleier aus Spinnweben vor dem Gesicht älterer Wandererinnen auf der Strecke Ende September. Nur ältere Damen sind (im Gegensatz zu den verweichlichten und abgeschlafften Männern von heutzutage) so robust und kälteunempfindlich, daß sie an den merklich kühler gewordenen Tagen noch unverfroren auf die Strecke gehen und erleben können, wie wenigstens die zarten Spinnfäden des Altweibersommers angenehm über ihre Gesichter streicheln.

Ameisen   Emsige kleine Freunde des Wanderers, die der Wiederherstellung seiner Energie dienen (nicht zu vergleichen mit dem dagegen äußerst schwachen Traubenzucker). Die Ameisen bauen an den schönsten Aussichtspunkten Sitzplätze aus natürlichen, weichen Materialien, auf denen sich der müde und abgekämpfte Wanderer zur schnellsten

Ameisen

Regeneration gemütlich niederlassen kann. Er erhebt sich dann schon nach wenigen Sekunden wie der Blitz mit frischester Kraft und sucht erneut unglaublich schnell das Weite.

Amoklauf

Unkontrollierter Lauf. Nicht zu verwechseln mit einem Volkslauf. Dort wird der Läufer laufend auf der Strecke und dann am Zielpunkt ganz penibel kontrolliert. Daher sind Volksläufer und Zollbeamte die einzigen Menschen, die heutzutage noch irgendeinen Sinn an nutzlosen Kontrollen erkennen können, denen sie sich freudig unterwerfen.

Anorak

Kleidungsstück des Wanderers, das im alten Griechenland (Delphi) erfunden wurde. Es funktioniert so präzise wie das sagenhafte dortige Orakel oder so zuverlässig wie die Voraussagen des deutschen Wetterdienstes (daher der griechische Name: An-orak = entgegen der Vorhersage). Der Anorak hat sogar einen direkten Einfluß auf die Gestaltung des Wetters auf den einschlägigen Wanderwegen: Hat man ihn an, bleibt es garantiert schön und heiß, hat man ihn zu Hause, regnet es mit absoluter Sicherheit.

Appetit

Entgegen der alten Bauernregel „Der Appetit kommt beim Essen" entwickelt sich der Appetit beim Wandern mit der fortschreitenden Erkenntnis, daß es bis zur nächsten bewirtschafteten Hütte noch viel zu weit und die Küche bis dahin eh' schon geschlossen ist.

Atem

Nicht unbegrenzt verfügbarer Treibstoff, der unerwartet, noch weit vom Ziel entfernt, plötzlich ausgehen kann.

Atemlos

Ein trauriges Los, das man bei keiner Tombola kaufen kann und das jeder Wanderer irgendwann einmal zieht.

Atlas

1. Buch mit Wanderkarten. Ein Wanderatlas hat den einzigen Sinn darin, im Rucksack getragen, die Trainingsleistung zu erhöhen (effektiver als Backsteine). Anderslautende Vermutungen über den Nutzen von Wanderkarten sind Ammenmärchen und in Buchgeschäften verbreitete Gerüchte, die jeder Grundlage entbehren.
2. Erster Rucksackträger der Welt und der Welt im alten Griechenland. Vergleiche Sisyphus.
3. Oberster Wirbel des Menschen, der am wenigsten zu tragen hat. Bei manchen Zeitgenossen, die kopflos durch die Prärie rennen, hat er überhaupt nichts zu tragen.

Aufstieg

Mühsames Bewältigen eines Höhenunterschiedes entgegen der Erdanziehungskraft durch Anstehen in der Schlange, Warten, Ticket-Lösen und Erdulden des dummen Gefühls in den Ohren, das durch den fortschreitenden Druckunterschied in der Gondel entsteht. Aber früher mußte man sogar zu Fuß da hinauf.

Aufwind

Durch die Bierreklame an einer Wirtschaft auf weiteste Entfernung wirksamer Kräfteschub, der in wenigen Sekunden einige tausend Kalorien aus dem Nichts heraus verfügbar macht, und den Wanderer wie auf einem Luftkissen zügig zur Theke trägt.

Ausfall

Heftige Redewendung beim Entdecken einer Wasserblase, bestehend aus immer demselben Wort, das früher nicht jugendgeeignet war, heute aber im Kindergarten als erstes auswendig gelernt wird.

Autowanderer

Ausrüstung

Ausstattung des Wanderers mit Kleidung und Zubehör. Sollte aber restlos alles vorhanden sein, vom achtundsiebzigteiligen Taschenmesser über den Klappspaten, die Express-Schlinge, den elektronischen Höhenmesser, Slugs, Gamsbart, Slider-Nuts, Sauzahn, Grödel, Eispickel, Fiffi-Haken, Gasmaske, Satellitenpeiler, Taschenrollstuhl, Esbitkocher bis zum Tropenhelm, handelt es sich nicht um eine Ausrüstung, sondern um eine Rüstung.

Aussicht

Beim Wandern ist es meist der Boden zwei Meter vor den eigenen Füßen, der pausenlos sehr genau besichtigt wird.

Autowanderer

Ärgernis, das sich, wenn auch zu Fuß und als Wanderer getarnt, auf Wanderwegen breit macht. Sie besudeln mit ihrer Anwesenheit die freie Natur und verbreiten mit der Ausdünstung ihrer benzingeschwängerten Ausatmung in der frischen Waldluft unangenehme Ressentiments unter den Fußgängern und Wanderern. Der Hotzenwaldwanderverein „Derbe Fersenschwiele" hat beim Bundesrat die Petition eingereicht, daß Autofahrern das Begehen von Wanderwegen gerichtlich untersagt werden soll.

Ave Maria

Hilferuf, in der Hoffnung, damit doch noch ans Ziel zu kommen. Nicht zu verwechseln mit dem Stoßgebet eines Verirrten an den heiligen Antonius von Padua, wieder auf den richtigen Weg zu finden. Interessant ist, daß vormalig strenggläubige Atheisten in Problemsituationen beim Wandern (Gewitter, Dunkelheit, verlorener Überblick usw.) sehr schnell wieder zum rechten Glauben zurück konvertieren und dabei die haarsträubendsten mündlichen Verträge mit den exotischsten Heiligen abschließen.

Bergfex

B

Bergfex   Menschliche Mischung aus Wurzelknorren, Wanderern, gegerbter Rinderhaut, Lederstrumpf und Felsbrocken. Verwitterte Gestalt, die von der Umgebung kaum zu unterscheiden ist. Wird deswegen oft von unaufmerksamen, eiligen Gipfelfressern über den Haufen gerannt.

Betriebsausflug   Pervertierte Form des Wanderns. Meist mit Auto, Flugzeug oder zu Fuß (850 bis 1200 Meter) durchgeführt. Dient nicht der Erbauung, sondern der Streit-, Un- und Trunksucht; weiter um im Schutze der verminderten Zurechnungsfähigkeit den Vorgesetzten seine Meinung frei zu äußern.

Bienenstich   1. Abwehrwaffe der natürlichen Feinde eines jeden Wanderers.
2. Tröstung, die im Café darüber hinweghilft, daß es für so etwas Harmloses wie einen Wanderer natürliche Feinde gibt. Vergleiche Skilahmläufer, Jäger usw.

Blasen   1. Heftiges Atmen eines armen Verirrten in ein Horn, damit drei kurze, drei lange und dann wieder drei kurze Töne von seiner Not signalisieren.
2. Körpermerkmale schlecht informierter und ungeübter Wanderer mit neuen Schuhen oder am Beginn einer neuen Saison. Blasenbesitzer rufen klagend nach großen Pflastern, denn sie wissen nicht, daß man sich diese Pflaster, um blasenlos zu bleiben, schon am Beginn der Wanderung auf die Problemstellen klebt.

bodenständig   Gegenteil von wandertriebhaft.

bootswandern   Tour in einem Überwasserfahrzeug, das manchmal zum U-Boot wird. Eine Tour, die deshalb dann zu einer Sauftour wird, ohne daß auch nur ein einziger Tropfen Alkohol ins Spiel gebracht wird.

Brotkrumen   Sichere Wegmarkierungen zum Verirren. Führen präzise zu Häusern mit Isolierverkleidungen aus Lebkuchen (siehe Hänsel und Gretel).

Brunftschrei   Urform des Jodlers.

Brunnen   Lebensrettende Einrichtung, unverhofft hinter der Wegbiegung erscheinend, in die der Dürstende taumelnd sich ersäuft.

burschikos   Schmusen mit einem Wanderburschen auf der Alm.

Butterstulle   Lebens- und lebensmutrettender Proviant, bei dem es je nach Länge der falsch eingeschlagenen Wegstrecke vollkommen gleichgültig ist, ob die Stulle noch völlig neu schmeckt oder ob sie ein zufällig wiederentdecktes Überbleibsel von der vorletzten Wanderung ist, das mit seinem Sonnenöl-, Feuerzeugbenzin- oder Skiwachsgeschmack dem Gaumen schmeichelt. Vergleiche Hasenbrot.

D

Damensattel   Bergsenke mit Restaurant, in der die Mütter im Angesicht der neuerlichen Steigung die Lust an der Radwanderung endgültig verlieren und wo sie, erschöpft vom Sattel sin-

kend, sich mit ihresgleichen bei Kaffee und Kuchen über die Kilometergier der Gatten auslassen können.

Demo   Alternative Abkürzung für haupt- oder nebenberufsmäßiges Wandern durch den Dschungel der Großstadt mit Äktschen und Zoff.

Demut   Gegenteil von Mut, aus dem heraus sie sich aber entwickelt. Demut baut sich mit fortschreitender Kilometerzahl nach überheblicher Einschätzung der Entfernungen immer mehr auf.

Direttissima   Luftlinie. Kürzeste Entfernung zwischen zwei Punkten auf der Landkarte. Sollte in den Bergen möglichst nicht zu Fuß genommen werden, dafür gibt es viel vernünftigere Beförderungsmittel. Sollte im Flachland möglichst gefunden werden, sonst handelt es sich um die drei- bis vierfach längere Indirettissima.

Donner   Hinweis auf die Entfernung zum Blitz. Durch Abzählen der Sekunden kann die Entfernung zum Blitz nachgeprüft werden. Donnert es bei der Zahl einundzwanzig, kann der Blitz noch einundzwanzig Zentimeter weit weg sein. Dann aber nichts wie weg.

Drangsaal   Ungemütliche Enge in einer Gaststätte am Ziel der Mühsal. Wenn man Pech hat, gibt es dann im Dunstkreis qualmender Socken nach einer halben Stunde Wartezeit höchstens schlaffes Flaschenbier einer Provinzbrauerei und nach einer weiteren Stunde Erbseneintopf mit Bockwurst für zusammen 42.- DM.

Dusche   Fata Morgana am Horizont.

Demut

Edelweiß

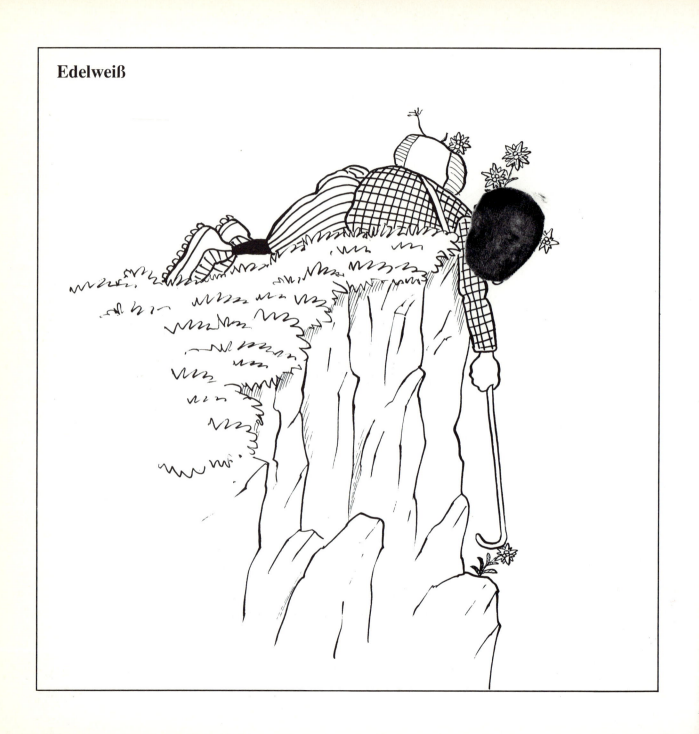

E

eben	Begehbare Strecke. Finden Sie nicht auch, daß alles andere als eben mit Wandern eben überhaupt nichts zu tun hat? Vergleiche steil.
Echo	Stimme der Berge, provoziert von vor-lauten Wanderern. Ich versichere Ihnen, daß der Berg nicht den Namen des Bürgermeisters von Wesel preisgibt. Im Gegenteil, er tut grundsätzlich nur seine eigene Meinung über den in der ruhigen Natur Herumbrüllenden kund. Und damit dieses schreckliche Geschrei endlich ein Ende hat, sagt Ihnen dieses perfekte Lexikon: Der Bürgermeister von Wesel heißt in Wirklichkeit Wilhelm Schneider SPD.
Edelweiß	Magnetischer Pol auf dem Gipfel. Unkraut, von dem viele meinen, es verschandele den Berg, und muß deshalb schnellstens ausgerissen und mit nach Hause genommen werden.
Ehre	Zweifelhafte Motivation, sich für eine Plakette, die auch noch fünf Mark kostet, und für sonst nichts und wieder nichts dermaßen zu schinden.
Ei, gekochtes	Typisches Nahrungsmittel, das zerdrückt aus den Tiefen des Rucksacks auftaucht, nach Rucksack schmeckt und dessen Schalen anschließend als Markierung (Mc Kilroy, der Eierfresser war hier) dienen.
Energie, ostfriesische	Endgültige, ökologisch unbedenkliche Lösung der Energiekrise. Jedermann kann sich einfach während einer Wattwanderung in seinem Rucksack hundert Kilo Watt

mit nach Hause nehmen, und schon hat er seinen Strom sogar zum Nulltarif.

ex- und hopp Handhabung der Bierflasche bei einer Rast im Wald.

F

Fahrrad Möglichkeit, eine Wanderung über sehr große Entfernungen zurückzulegen. Durch die größere Belastung des Gerätes mit dem Rucksack erlebt man den Plattfuß praktisch nur beim Fahrradwandern und niemals zu Hause. Und dann immer entweder bei über 30 Grad im Schatten, wenn weit und breit kein Schatten zu finden ist, oder bei strömendem Regen, wenn weit und breit kein Dach zu sehen ist. Man führt grundsätzlich eine Luftpumpe mit sich, deren Dichtung sehr viel Luft hat (daher der Name), eingetrocknete Gummilösung und Schraubenschlüssel, die für alle Schrauben passen, die am Auto benötigt werden.

Faltboot Gerät zum Bootswandern. Dient als Ausgleich, sich beim beschaulichen Zusammenbauen des Bootes vom Berufsstreß über längere Zeit zu entspannen und zu erholen. Der Zusammenbau dauert in der Regel von Sonnenauf- bis Sonnenuntergang. Das Zerlegen und Wiedereinpacken von Sonnenunter- bis Sonnenaufgang. Das Faltboot hat seinen Namen daher, weil es sich auf Wasserschwellen in der Mitte über die Querachse elegant zusammenfaltet. Dies erspart einige Handgriffe und viel Zeit beim Wiederzusammenpacken, zumal auch die Paddel, Schlafsack,

Fifihaken

Rucksack usw. von fremden Leuten viele Kilometer fluß-
abwärts am Rechen eines Stauwehrs freudig eingesammelt und vereinnahmt werden.

Fifihaken	Metallclip am Halsband des Wanderhundes. Es kann nur dringlichst empfohlen werden, zum Wandern in unbekannten Gegenden einen Hund mitzunehmen. Mit ihm haben wir wenigstens die Sicherheit, daß er uns auf unserer eigenen Fährte wieder an den Ausgangspunkt der Route zurückführt und in Sicherheit bringt.
Fisimatenten	Ursprünglich das „Visite ma tente" der französischen Besatzungssoldaten Ludwigs des Vierzehnten, den pfälzischen Jungfrauen zugerufen und von der mißtrauischen Mutti als Fisimatenten verboten. Heute die Einladung an eine vorbeikletternde junge Frau, die Tante, die sich angeblich auch im Biwakzelt befindet, zum Fünfuhrtee zu besuchen.
Flasche	1. Trinkvorratsbehälter, auch noch aus Glas, meist im Rucksack ausgelaufen bzw. zerbrochen. 2. Wanderer, der sich zufrieden nach eineinhalb Kilometern hinter sein Bier klemmt und es für den heutigen Tag gut sein läßt.
Fotoapparat	Auf dem Bauch aufliegendes medizinisches Gerät, das bei der Wanderung mit Bildern aufgeladen wird, damit man später zu Hause ein probates Mittel gegen Schlaflosigkeit besitzt.
Freizeit	Die geruhsame Zeit des süßen Nichtstuns, in der man sich entspannend erholen kann und in der man weder arbeiten noch wandern muß.

G

Gamsbart   Robuster Rasierpinsel aus feinster Kunstfaser, den man sich nach dem Gebrauch zum Trocknen an den Hut steckt.

Gatter   Einzäunung, zum Schutz der Rindviecher vor den Wanderern.

GAU   Größter anzunehmender Umfall. Schwächeanfall auf dem ersten Kilometer, noch in Sichtweite des Startplatzes.

GAU, Super-   Aller-allergrößter anzunehmender Umfall. Schwächeanfall beim Studieren der Wanderkarte zu Hause.

Gewichtsersparnis   Ausgeklügelter Rucksackinhalt, der in Milligrammeinheiten errechnet, den Rucksackträger unglaublich schnell macht. Siehe Zahnpasta.

Gewitter   Äußerst gefährlicher Zwischenfall auf den einschlägigen Wanderwegen, vor dem man sich unbedingt in acht nehmen sollte. Unterbricht immer wieder die schönsten Wanderungen auf schlagende Weise recht unangenehm und dezimiert die unwissende Familie. Vollkommen eindeutig sind dabei die alten Bauernregeln, die man unbedingt befolgen sollte: „Buchen sollst du suchen" (gilt für alle Wander- und Lebensmüden). „Eichen sollst du weichen" (gilt als das sicherste Verhütungsmittel für alle Hühner) und „Tut es donnern mit dem Blitzen, mußt schneller als der Blitz du flitzen" (gilt für alle Wanderer).

Gitarre   Musikinstrument, das zur Klampfe wird, sowie es sich im Besitz eines Wanderers befindet. Vergleiche „Auf du junger Wandersmann, jetzo kommt die Zeit heran".

Gewitter

Glasmost　Transparentes, köstliches Erfrischungsgetränk, dem durstigen Wanderer in ländlichen Gegenden gereicht, aus vergorenen Äpfeln hergestellt. Nicht zu verwechseln mit Glasnost.

Goethe, J.W.　Der erste Wanderer, der im Walde nur so vor sich hinging, sich verirrte und, statt aus Angst laut zu pfeifen, dabei des Wanderers Nachtlied vor sich hindichtete.

Grille　Hübsche, nette Wandersfrau, die es versteht, während einer Wanderpause die schönsten Fleischbrocken und Würste auf einem Feuerchen zuzubereiten, und die sie zirpend ihrem müden Pascha reicht.

Grüß Gott　Aufforderung an einen begegnenden Wanderkollegen. Trifft ein Wanderer einen anderen, nimmt er immer ad hoc an, daß der andere diese Strapazen nie und nimmer überleben werde. Und er gibt ihm deshalb diesen Gruß zum Ausrichten mit auf den Weg.

Gunst　Zuneigung. Nach dem Propheten Joseph (von Eichendorff) schickt Gott jeden, dem er seine rechte Zuwendung erweisen will, in die einschlägigen Wanderstiefel und dann in die weite Welt.

H

Haare　Kopfbedeckung, die den Schädel des Wanderers normalerweise vor Sonnenbrand schützt. Fällt diese Funktion aus, tritt der Filzhut in sein Recht. Die Haare der etwas weniger am Wandern engagierten abhängigen Familienmitglieder funktionieren ähnlich wie ein Barometer.

Wenn eine Wanderung auf dem Programm steht, singen diese frühmorgens noch im Bett: „Im Frühtau zu Berge wir stehn, fallera!"

Haferlschuhe Antike Form der Wanderschuhe. Beinklötze (vergleiche Bremsklötze), die damals auch nicht viel leichter, bequemer, wasserundichter und blasenloser waren als die todschicken, modernen und unförmigen Apparate, die es heutzutage ab neunhundertzwanzig Mark (o. Mwst.) zu kaufen gibt.

Hänschenklein Einer der ersten Wanderer, der sich auch schon zünftig, modisch und artgerecht kleidete (Stock und Hut stand ihm gut).

Hänsel & Gretel Die ersten Wanderer, die sich auf die kleinen Emailleschildchen mit den Rhomben, Kreisen und Kreuzen verließen, die, im Wald an die Bäume genagelt, den Umherirrenden auch heute noch zielsicher zum Haus der Hexe führen.

Hasenbrot Ausdruck für ein in den unergründlichen Tiefen des Rucksacks vergessenes, sattelförmig getrocknetes Vesperbrot, das normalerweise nur noch als Hasenfutter taugen sollte. Je nach Geschmack und auch Taktik wird es aus moralischen und/oder Sparsamkeitsgründen („man wirft tägliches Brot nicht weg") mit Murren zum Nachtessen zu Hause gewürgt oder aber mit Begeisterung genossen. Die Begeisterung wird erzeugt, indem die Mutti den Kindern mit wichtiger (möglichst scheinheiliger) Miene erklärt, wie vorzüglich so ein Brot erst zu Hause mundet: „Der Belag ist jetzt richtig gut durchgezogen und erinnert mit

Hänschenklein

seinem zünftigen Rucksackgeschmack an die Stimmung bei der wunderschönen Wanderung. Mmmm, wie köstlich!"

herumirren	Siehe umherirren.
Heuschober	Im Vergleich zu einem Fünfsterne-Hotel, das aber erst zehn Kilometer weiter vorne steht, ein paradiesisch trautes Heim voller Gemütlichkeit und Erholung.
Hexe	Widerliches, altes und häßliches Ungeheuer, das uns unglaublich sympathisch wird, wenn es uns nur endlich in der kalten Nacht in ihr Lebkuchenhaus läßt. Hexen, die kein Lebkuchenhaus besitzen, gibt es nicht. Und schon überhaupt nicht in Ihrem Bekanntenkreis, auf Wanderwegen oder gar in Ihrer Familie.
hirnverbrannt	Sonnenbrand auf der Stirn durch Wandern ohne Hut.
hissen	Das Aufziehen einer Fahne. Beim Wandern geschieht dies durch das Nippen mit unschuldiger Miene an der mit Himbeergeist gefüllten Wasserflasche.
Hitz-Schlag	Köpfen einer Blume am Wegrand mit dem Spazierstock bei zu hoher Temperatur und aus Empörung, weil weit und breit keine Kneipe zu sichten ist.
Höhe	Für einen weniger Engagierten das am verkehrten Ende der Strecke befindliche Ziel. Es ist ferner die Höhe, den Wald mit Eierschalen, Papiertaschentüchern etc. zu verzieren oder, statt zu gehen, irgendwie zu fahren.
Hosenträger	Gehhilfe, die den Ermüdeten hochzieht, damit er aufrechten Ganges sein Ziel erreicht.

Hühnerauge

Hotel   Heimlicher Zufluchtsort, wo man sich von den gröbsten Strapazen erst einmal wieder erholen kann. Es ist zu empfehlen, sich morgens im Hotel nicht allzu perfekt zu rasieren oder zu schminken, denn das würde bei den anderen, die sich am Trog draußen im Freien frisch (kalt) machen, doch sehr auffallen und verräterisch wirken.

Huckepack   Veraltete, prestigeunträchtige Form, seine Last auf dem Rücken tragen zu lassen. Der moderne, neu zu Reichtum gekommene, zünftige Wanderer läßt sein Gepäck nicht nur in Afrika, sondern auch im Schwarzwald von gut ausgebildeten Trägern auf dem Kopf hinter sich her tragen.

Hühnerauge   Besser Elefantenauge. Raumfordernder Prozeß in einem Wanderschuh, der weniger als neunhundertzwanzig Mark gekostet hat. Geiz beim Wandern muß heftig leiden. Deshalb ist es witzlos, diesen Sport zu ergreifen, sofern man nicht gewillt ist, mindestens 25.000.- DM in die Rüstung zu investieren. Es sei denn, man ist ein gutausgebildeter Masochist oder diplomierter Fakir.

Hüttenzauber   Einziger und vernünftiger Sinn und Zweck des Ganzen. Ziel der ganzen Schinderei.

I

Ignoranz   Die einzige Möglichkeit, durch das völlige Ignorieren der vielen, vielen Kilometer, die noch zu bewältigen sind, ans Ziel zu kommen.

Indianer

Mensch mit hochrotem Kopf, der bei brütender Hitze durch die Prärie schleicht oder reitet. Solche Individuen sollen auch schon auf europäischen Wanderwegen (schleichend) und Radwanderwegen (drahteselreitend) gesichtet worden sein.

irren

Anderes Wort für wandern und/oder menschlich sein. Vergleiche herumirren und umherirren.

Isomatte

Selbsttäuschende Vorgaukelung einer geruhsamen Nacht für verweichlichte Zivilisten. Da der Waldboden meist viel zu weich und zu warm für einen gesunden Schlaf ist, verleiht die Isomatte eine kernige Härte und stimuliert durch frische Bodentemperaturen. Auf Isomatten fühlen sich nur Ameisen und Spinnen (nicht zu verwechseln mit Spinnern) wohl.

J

Jäger

Gefährlicher Konkurrent im Wald und auf der Heide. Verwechselt sehr leicht Wanderer mit Rotwild, das er so gerne zu Totwild macht. Lebensgefährlich für den braven, kleinen Fifi, der seinen Wanderer begleitet und auch mal im Gebüsch herumstromern will. Der Jäger betrachtet das Abschießen des Hundchens als Notschlachtung, da dieser sich wohl durch das Auftauchen eines Hasen gerade nahezu zu Tode erschreckt hat.

jodeln

Gefühlsausbruch nach versehentlichem Treten gegen oder Stolpern (Außenbandzerrung) über einen Stein. Jodeln

Jäger

kann durch gutes Schuhwerk (ordentlich geschnürt) oder durch zu Hause bleiben verhindert werden.

juchzen

Ausstoßen urtümlicher, unmenschlicher oder urmenschlicher Laute, um den Wanderweg von störendem Waldgetier zu räumen. Gegenteil von Schluchzen. Gejuchzt wird auf dem ersten und dem letzten, geschluchzt auf den dazwischen liegenden Kilometern.

K

Kajak

Sportgerät zum Wasserwandern. Möglichkeit im heißen Sommer, schon in jungen Jahren endlich sein Rheuma aufzubauen. Interessantes Lebensgefühl, von den Füßen bis an den Bauchnabel feuchtkalte Empfindungen im Kontrast zu einem heißen Oberkörper mit glühendem Kopf erleben zu dürfen. Erziehung zu spartanisch gesunder Lebensweise, da das in den Stauraum passende Rucksäcklein höchstens den Geldbeutel, Ausweis und ein nasses Handtuch beinhalten kann.

Kalauer

Immer die gleichen Witze, die abends auf der Hütte, trotz Kombination mit Alkohol, nur zu müdem Runzeln führen. Vergleiche dagegen das Zitieren des Fröhlichen TOMUS-Wörterbuches „Wandern" von Nikolaus Bavarius, das bei gleicher Gelegenheit einen Lachsturz nach dem anderen auslöst.

Kamera

Rucksack- oder Bauchbeschwerer, der oft (wohl zwecks Gewichtsersparnis) ohne Filmspule mitgeschleppt wird.

Klassifizierung

Kegelausflug	Wanderähnlicher Zustand, der selten bewußt wahrgenommen wird. Vergleiche Nebel.
Kerner, Justinus	Deutscher Arzt, Wanderer und Dichter der Spätromantik (1786-1862), der sich bei einbrechender Dunkelheit in eine Sägemühle flüchtete und der beim Mühlenbesitzer die typischen Waden des Dauergehers entdeckte. Er verbreitete dann erstmals die Legende von den Lüsten der Müller und gilt damit als Erfinder des Gehens bzw. Wanderns.
Klassenausflug	Grundausbildung im Wandern und Murren.
Klassifizierung	Die Wanderer gliedern sich nach der neuen internationalen Einteilung (Latscher-Weltkongreß der UNESCO 1991 Davos) in folgende Abteilungen (gegliedert nach ihrem effektiven menschlichen Wert): 1. Bergziegen, tierische 2. Kraxler, menschliche 3. Demonstranten 4. Verstopfte 5. Pilger 6. Flachbahngeher 7. Schulausflügler 8. Öko-Fuzzis 9. Infanteristen 10. Türklinkenputzer 11. Vagabunden 12. Mountainbike-Stronger 13. Straßenkehrer 14. Marathon-Schickis 15. streunende Hunde 16. Hüttenwanzen und 17. zum Wandern zwangsrekrutierte Familienangehörige. Nach dem deutschen Jagdrecht für den deutschen Heger und Jäger dürfen streunende Individuen ab Kategorie zehn im Wald und auf der Heide ohne Warnschuß und ohne Aufforderung zum Stehenbleiben niedergestreckt werden. Nach dem Haager Landkriegsrecht auch die Nr. 9.
Klettertour	Besteigen des obersten eines dreistöckigen Bettes im Schlafsaal. Der Absturz bei einer Bergwanderung findet also manchmal im Saale statt. Meist wird durch die vielen

Biere aus dieser Klettertour eine Tort(o)ur (nicht zu verwechseln mit einer Tortentour, zu der sich doch manch eine Wandertour auch hinentwickelt).

Knickerbocker	1. Urform der Wanderhose, die damals noch nicht so stromlinienförmig und daher energiefressender war als die neueren Modelle des ausgehenden zwanzigsten Jahrhunderts. Aber irgendwann werden auch diese wieder modern. 2. Geiziger Kamerad, der an der Hüttentheke keinen ausgibt.
Kniebundhosen	Windschlüpfrige moderne Form der Wanderhose (vergleiche Knickerbocker), entwickelt in den Jahren der Energiekrisen.
Knotenpunkt	Erinnerungsmerkmal im Taschentuch, nie mehr diese Tortur auf sich zu nehmen, geknüpft auf dem vorletzten Kilometer. Gelöst am Ziel, weil ein verknotetes Schweißtuch so unbequem auf der Stirn ist.
Kompaß	In Verbindung mit einer Uhr wichtigstes Utensil für den freudigen Wanderer. Bis 12 Uhr mittags muß nämlich nach Osten gewandert werden, von Mittag bis Sonnenaufgang ist das Wandern verboten. Siehe Wanderlied „Wer recht mit Freuden wandern will, der geh' der Sonn' entgegen".
kopflos	Unorganisiert, d. h. ohne an einem Volksmarsch teilzunehmen, einen Wanderweg begehen oder eine Bergtour ohne vorausgehenden Wanderführer unternehmen. Vergleiche hirnverbrannt.

Kuh

Kuckuck — Waldvogel, mit seinem Ruf verirrte Wanderer foppend.

Kuh — Haustier an den Wanderwegen, von dem der ahnungslose Städter glaubt, es gäbe nur weibliche, harmlose Ausführungen.

Kulisse — Kühe und Murmeltiere.

Kühlwasser — Bier in der Thermosflasche.

L

Lagerfeuer — Romantik vortäuschende Konstruktion, die entweder nicht zum Brennen zu bringen ist (die armen Kinder erleben die erste herbe Enttäuschung über den bisher allmächtig und allwissend erscheinenden Vater) oder mit beißendem Qualm den Rastenden mit Brandgeruch durchtränkt und zu Tränen rührt.

Lawinenschnur — Hilfsmittel beim Wandern, das zwischen Gelsenkirchen und Schalke eigentlich doch recht selten gebraucht wird und deshalb beim Rucksackpacken, genauso wie die Trillerpfeife und der Eispickel, gewichtsparend daheim gelassen werden sollte. Vergleiche dagegen Signalpistole.

Leberwurst — Beleidigter Vati, wenn sich schon wieder herausstellt, daß die Mutti an der letzten Abzweigung vor einer Stunde recht gehabt hätte.

Lederhose — Hosenbodenschonendes Kleidungsstück für Wanderer und Blähsüchtige.

Leisetreter	Ökologisch, naturschonende Wanderschuhe, die keine Nachtigall mehr stören.
Lied	Herzhafte Tonfolgen, aus fröhlichen Lippen entfleuchend, die dazu da sind, den Genuß des Wanderns melodisch zu erhöhen.
Lust	Stimmungslage beim Wandern für die relativ kleine Zielgruppe der Müller.

M

Mannequin	Auf den Wanderwegen erkenntlich an den schicken Stökkelschuhen mit Gaultier-Kniebundhose und rot-weiß karierter Jil-Sander-Bluse.
Matratzenlager	Durch Zwiebelwind odoriertes und durch immer die gleichen Kalauer bis morgens um vier akustisch übermaltes zünftiges Ambiente. Schläft der letzte Entertainer dann endlich in seinem Schlafsack ein, fängt der erste Schnarchsack spontan zu sägen an.
Matsche	Versteckte Tomate, morgens im Rucksack zwischen den Unterhosen entdeckt.
Märchen	Die Theorie, daß es gesund sei, auf eigenen Beinen zügig aber ansonsten sinnlos auf einen kilometerweit entfernten Zielpunkt zuzustreben. Nach der philosophischen Erkenntnis des Diogenes von Sinope (412 - 323 v. Chr.) „Sport ist Mord" ist es wesentlich gesünder und vernünftiger, immer in der Nähe eines Fasses zu verweilen, anstatt stundenlang mühsam auf ein solches zuzuschleichen.

Mountainbiker

Melkfett	Hausmittel bei Brust- und Fußbeschwerden.
Milch	Kuhwarm genossene Köstlichkeit auf dem Lande, die im Alltag zu Hause angeekelt und entrüstet von sich gewiesen werden würde.
Modenschau	An der Bar (Cocktail Marke Gipfelstürmer 48.- DM) in schicken Ferienorten stattfindendes gesellschaftliches Ereignis, von Nichtwanderern durchgeführt. Sie tragen elegante, nagelneue Kniebundhosen mit Lederhosenboden, Sauzahn am Gürtel und Edelweiß am Latz, Filzhut, besteckt mit Gamsbart und Plaketten, sowie seidene, mit heimatverbundenen Symbolen bestickte Hemden.
Mountainbiker	Echte Konkurrenz zum Wanderer. Vergleichbar der Fabel vom Hasen und Igel: Kommt der ehrliche Wanderer abgekämpft und durstig mümmelnd an der Hütte an, lümmelt dieser Igel schon stundenlang vor seinem Bier auf der Terrasse herum.
Murmeltiere	Objektive Zuschauer an Bergwanderwegen. Sie pfeifen gnadenlos jeden aus, der dort oben nichts zu suchen hat.
Murmeltierfett	Schmiermittel. Nach jeweils 20 km ist nach der Betriebsanleitung für den zünftigen, forschen Wanderer der Abschmierdienst an einer der Servicestationen der Wanderwege fällig. Nach DIN 4711 ist im Sommer Murmeltierfett SAE 20W40, im Winter Melkfett SAE 10W60 zu schmieren (siehe Garantiebedingungen).
Musik	Beim Wandern nur mit Klampfe und selbstgesungenem herzerfrischenden Original-Wanderlied erlaubt. Der 2x120 Watt Stereo-Gettoblaster mit Batteriebetrieb, auf

Muskelkater

der Schulter durch den Wald geschleppt, erzeugt dagegen vor allem bei den anderen Wanderern nicht ganz das fröhlich heitere Gefühl des Naturerlebnisses.

Muskelkater	Männliches Katzentier nach einem Jahr Bodybuilding.
Musterkoffer	Rucksack des Türklinkenputzers bzw. des gemeinen Vertreters. Der Vertreter ist nach der neuen internationalen Klassifizierung von Davos (siehe dort) leider eine Untergruppe der Wanderer geworden. Aber das ist eine politische Entscheidung, auf die die Wanderer, wie alle Demokraten bei allen demokratischen Entscheidungen, keinerlei Einfluß nehmen können.

N

Naturerlebnis	Genuß beim Wandern, bei dem der Wanderer durch angestrengtes Schauen auf den Boden vor seinen Füßen (alle Wanderer tun das beim Gehen) die ausgetretenen Wege, die Kuhfladen und die Kaugummipapierchen seiner Vorgänger betrachtend genießen kann.
Nebel	Zustand, in dem der Wanderer sich nach fünf Stunden Hüttenzauber befindet.
niedergeschlagen	Zustand, in dem der Durchschnittswanderer sich nach einer längeren Phase heftigen Niederschlags befindet.
Notdurft	Fachausdruck beim Wandern für Austreten im Wald. Nach Paragraph 219 des Waldgesetzes ist es zwar bei Strafe verboten, Gegenstände in den Wald einzubringen, in dringenden Fällen wird dies dem Wanderer jedoch notdürftig er-

niedergeschlagen

den Fällen wird dies dem Wanderer jedoch notdürftig erlaubt. Zuvor muß allerdings auf Formblatt Sch-00-204401/100 in vierfacher Ausfertigung eine Ausnahmegenehmigung auf dem zuständigen Forstamt eingeholt werden.

| **Nudelsuppe** | Da in der Umgebung von Wanderhütten nichts anderes wächst als Nudeln, kann man nicht damit rechnen, dort etwas anderes auf der Speisekarte zu finden. |

O

obdachlos	Zustand, in den ein Wanderer unweigerlich kommt, sofern er nicht in der Lage ist, eine Wanderkarte richtig zu lesen. Ein Matratzenlager soll wider besseres Wissen beim Wandern immer noch die angenehmere Alternative sein.
Odelgeruch	Erinnert an Landluft, Misthaufen, Erholung und Massenquartier.
Ofenbank	Traum und Ziel jeder Winterwanderung. Ist die Ofenbank auch noch beheizt, bringen keine zehn Ehefrauen einen Wanderer mehr ins Bett.
Ohnmacht	Zustand der restlichen Familienmitglieder, wenn Vati sich in den Kopf gesetzt hat und nicht davon abzubringen ist, über das Gatter zu steigen, um beim Streicheln einer Kuh fotografiert zu werden (und er leider übersehen hat, daß die Kuh nicht im Besitz eines richtigen Euters ist und deshalb überhaupt keine richtige Kuh ist).

Oktanzahl — Tarnwert der Prozente des Wanderwassers in der Feldflasche.

Omen — Tieffliegende Schwalben. Sie kündigen das Ende der frohgemuten Phase an. Dieses Omen wird um so omiger, je weniger Wanderutensilien wie Regenschirm, Anorak oder wasserdichte Hosen und Schuhe im Rucksack sind. Vergleiche Gewitter, Schneeregen und Kälteeinbruch.

Orden — Bestätigung für den kleinen Mann, beim Volksmarsch dabeigewesen zu sein.

Ozonloch — Atmos- und Stratosphärenveränderung über den Dächern der Massenunterkünfte an Wanderwegen.

P

Papiertaschentuch — Millionenfache, weiße (oder weiß-braune) Schandflecken in der grünen Natur, dem Wald vor die Füße geworfen. Dabei wäre das Verscharren der Schande so einfach.

Pfadsucher — Wanderer. Gegenteil von Pfadfinder.

pfeifen, laut — Im Wald die perfekte Methode, beim Verirren die Angst im Dunkeln zu verlieren.

pfeifen, leise — Anstelle des üblichen „Grüß Gott" die mehr oder weniger unauffällige Anerkennung, wenn eine hübsche Wanderin entgegenkommt.

Pflaster — 1. Der einzige sachgerechte Untergrund, auf dem man sich beim Wandern bewegen sollte. Trainiert die Gelenke,

Pinguin

man verirrt sich nicht im Wald, und es verhütet das Beschmutzen der neuen Wanderschuhe.
2. Kosmetischer Artikel, der in der zweiten Phase des Wanderns (wenn dann beim Barfußgehen die Wanderschuhe geschont werden), die häßlichen Stellen rohen Fleisches an den Füßen kaschiert.

Pilger

Die einzigen Wanderer, die ein richtiges Ziel im Kopf haben.

Pinguin

Wappentier der Wanderer. Ehemaliger Vogel, der aus Liebe zu diesem Sport (Motto: Fliegen ist nicht schöner) zum Fußgänger wurde.

Plattfuß

1. Abnutzungserscheinung bei Übergewicht und zu vielem Gehen.
2. Willkommene Unterbrechung beim Radwandern. Man hat schon müde Radwanderer beobachtet, die kilometerlang krampfhaft nach Nägeln auf der Straße Ausschau halten, um sie zielsicher ins Visier zu nehmen und endlich einen Reifen flicken zu können.

Profil

Haben einige Pseudowanderer (die in Kniebundhose, kariertem Hemd und Tirolerhut mit dem Auto bis an die Hütte fahren) nur an den unbenutzten Wanderschuhsohlen.

Q

Quadratlatschen

Vor Begeisterung im Viereck springen, nachdem einen ein Mountainbikefahrer von hinten umgenietet hat.

R

radwandern Statt nur auf den Füßen zu gehen, bewegt sich der Radwanderer radschlagend über den Wanderweg. Es gibt zwei Versionen des Radschlagens.
1. Wie im Turnunterricht gelernt, mit abwechselndem Benutzen von Händen und Füßen bei jedem Schritt. Wird auf Wanderwegen wegen der relativ niedrigen Geschwindigkeit und geringer Reichweite nicht so sehr oft praktiziert.
2. Die vom Pfau abgeguckte Art der Lebensäußerung. Diese Version sieht man immer wieder doch recht häufig auf den einschlägigen Wanderwegen, vor allem von männlichen Wanderern, wenn ein hübsches weibliches Wesen in der Nähe auftaucht.

Ranzen Früher am Rücken, heute am Bauch getragene Ausbuchtung der menschlichen Silhouette. „Heute wollen wir das Ränzlein schnüren" war in der guten alten Wanderzeit die Aufforderung, sich auf die Socken zu machen. Bei den heutigen modernen auf dem Rücken getragenen Umzugscontainern ab 1500.- DM, die den gesamten Hausrat befördern, kann man nicht mehr von einem Ranzen sprechen. Heute bedeutet „das Ränzlein schnüren" etwas völlig anderes, nämlich das Anlegen eines Korsetts, um den Wohlstandsbauch in seine Schranken zu verweisen.

Ratte Absurd: Wandervogel unter den Nagetieren.

Raucher Besonders leistungsfähige Wanderer, die jeden noch so gut trainierten Sportler in Grund und Boden laufen, da sie mit dem zusätzlichen Raucherbein weit im Vorteil sind.

radwandern

Ruckzack

Regenschirm	Aus Schamgefühl zu Hause gelassenes, andererseits doch so ungeheuer praktisches Zubehör.
Regenwurm	Volksmarschteilnehmer, die sich, einer hinter dem anderen, bei schlechtem Wetter durch die feuchte Landschaft winden.
Rhesusfaktor 0,5	Intelligenzquotient, zu finden im Blut von ,,Wanderern'', die im Hochgebirge in Turnschuhen daherkommen.
Ringelnatter	Unmotiviertes Familienmitglied, das sich dreht und windet, wenn es darum geht, den Rucksack für eine Wanderung zu packen.
Romantik	Motiv Nummer eins des Wanderers, den heimischen Herd zu verlassen und sich unter unsäglichen Mühen einer imaginären Gemütsstimmung anzunähern.
Ruckzack	Mischung aus Ruckzuck, Schnickschnack, Rucksack und Zickzack mit geschäumtem Rücken mit Frotteeauflage, Belüftungskanälen und Hüftflossen mit Hüftgurt. Läßt dreißig Kilogramm glatt vergessen, so daß schon Ruckzackträger beobachtet wurden, die beim Abendessen oder beim Schlafengehen glatt vergaßen, daß das zweiundfünfzig Zentimeter über den Kopf ragende Ding immer noch da hinten rumhing.
Ruhm	Prestige. Kann man, im Gegensatz zu allen anderen Sportarten, beim Wandern kaum an die Fahne (höchstens als Plakette an den Stock) heften. Ruhm kann beim Wandern äußersten Falles ohne ,,h'' (siehe dort) in der Flasche mitgeführt werden.

Schickschnack

Rum

Energie und Wärme vortäuschender Kraftstoff, der allerdings frustvermindernd sehr wirksam ist und aus diesem Grund heimlich in der Teeflasche (durchaus auch pur) mitgeführt werden sollte. Spricht ein Wanderer in Österreich davon, daß er Stroh im Rucksack mit sich führt, dann hat er mit 80 % nicht im Sinn, in einer leeren Scheune zu übernachten, sondern er trägt Rum mit sich rum.

S

Sanitäter

Die eigentlichen Leistungsträger (mehrere Kilogramm Heftpflaster im Rucksack) bei einer Volkswanderung.

Scheidung auf ostfriesich

Man schickt das lästig gewordene, vom Ehepartner zum Ehegegner gewordene Miststück bei einsetzendem Tidenhub und einbrechender Nacht liebevoll auf eine Wattwanderung, mit der verheißungsvollen Ankündigung, inzwischen ein wunderschönes Nachtessen zu kochen. Man bemerkt aber ausdrücklich und mit sanftem Zwang in der Stimme: „Komme aber bloß nicht zu früh zurück! Es handelt sich um eine Überraschung, die vier Stunden Vorbereitung benötigt. Am besten, du kehrst erst in zwei Stunden wieder um und gehst zum Ufer zurück.‘‘

Schickschnack

Im Gegensatz zum Schnickschnack des armen Wandersmannes (z. B. Schrittzähler) ist der Schickschnack ein prestigeerhöhendes Zubehör des reichen Wanderers (z. B. Zentimeterzähler mit Satellitenpeilung und sündhaft teure Firmen-Etiketten an Hemd und Hose).

Schlafsack	Im Gegensatz zum Schnarchsack der wesentlich angenehmere Bettgenosse im Matratzenlager.
Schneeregen	Äußerst ungemütliche Situation. Hier ist nach derselben alten Bauernregel zu verfahren, die auch schon bei normalem Regenwetter hilft: „Dreht der Himmel auf die Brause, wärst du besser jetzt zu Hause".
Schrittmesser	Raffinierte Erfindung, die mit einfachster Technik präzise (±90%) die gelaufene Wegstrecke anzeigt.
Schuhwerk	Fabrik zur Herstellung stabiler, d.h. unverformbarer Wanderschuhe. Marquis de Sade (1740-1814), Pionier der Wanderschuhfabrikation, stellte am 14. Juli 1789 auf der Pirmasenser Schuhmesse die ersten eisernen Wanderschuhe aus, so daß heute noch dieser Tag als die Revolution schlechthin im Wandergewerbe gefeiert wird. Sein Eisenschuh gilt auch heute noch als Maßstab für Bequemlichkeit und gute Durchlüftung.
Schweinehund, äußerer	Wegelagernder, widerlich knurrender und geifernder Köter von unfreundlichen Bauern, der furchteinflößend auf den vorbeiführenden Wanderwegen herumlungert und diese verteidigend versperrt. Er läßt sich nicht einmal von der geliebten Vesperwurst bestechen und kann auch wie eine Gans aussehen.
Schweinehund, innerer	Embryo, im Leib eines jeden(!) Wanderers. Und solle keiner daherkommen und diese Vaterschaft voller Überheblichkeit abstreiten.
Schweißband	Anderer Ausdruck für das Wandern, das Mann und Frau mehr zusammenschweißt als das Band der Ehe. Manche

Schweinehund, äußerer

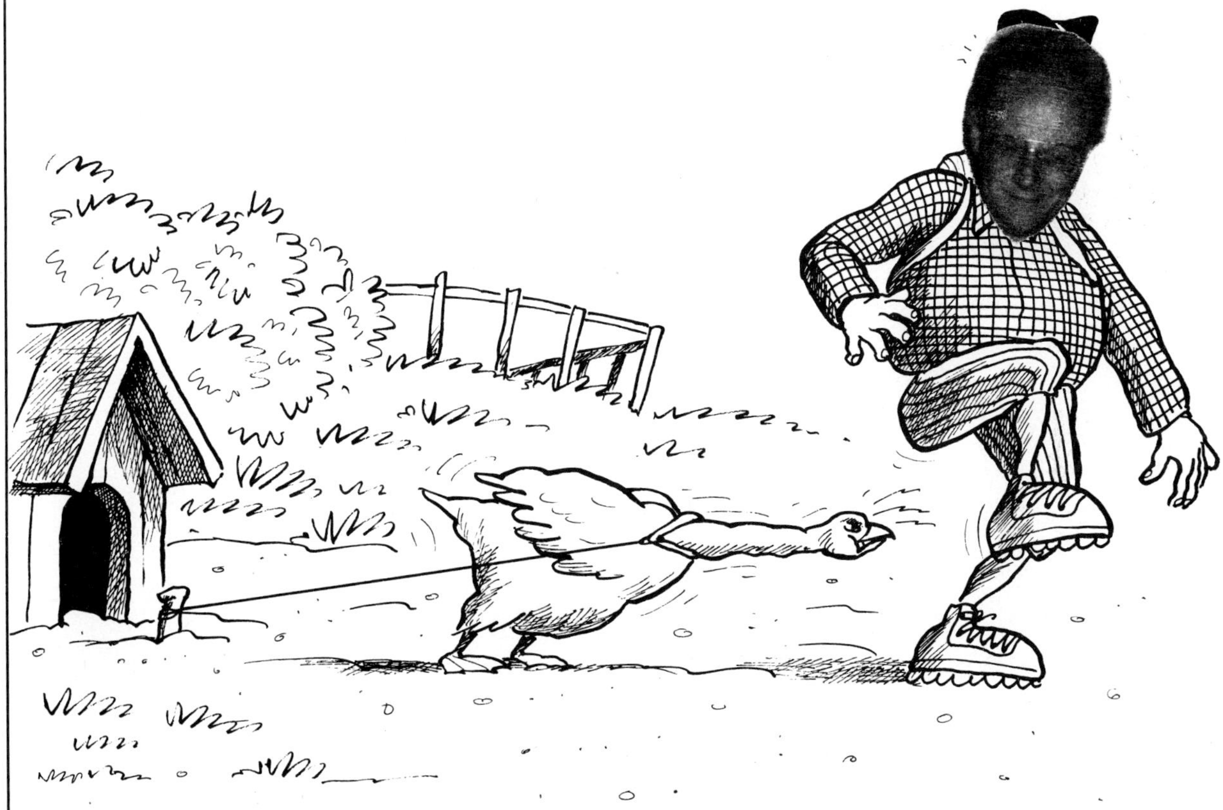

Sisyphus

Ehefrau bleibt nur wegen der gemeinsamen Wanderungen bei der Stange, denn die Vorstellung, er könnte bei einem langen Marsch oder einem schweren Aufstieg zusammenbrechen, und niemand wäre in der Nähe, der ihm Trost spenden könnte, ist ihr trotz allem unerträglich.

Schweißfuß
In der Jägersprache polemisch für blutiges Glied eines den Waldfrieden störenden Fremdkörpers (Wanderer), der nicht einmal ein paar Schritte gehen kann, ohne Schaden an sich oder der Natur zu verursachen.

Schwielen
Durch langes Wandern erzeugte natürliche Verstärkung an den Füßen, damit der unverdrossene Wanderer auch bei durchgelaufenen Sohlen weitergehen kann.

Segelohren
Körperlicher Vorteil bei Rückenwind.

Selbstmord
Teilnahme an einem Volkslauf, bei dem der Schnellste eine Siegerplakette erhält.

Signalpistole
Mit einer roten Leuchtkugel abzufeuerndes Notsignal, wenn sich ein Wanderer in einer fremden Stadt verirrt hat.

Sisyphus
Griechischer Held, der, wie alle Wanderer, so schlau war, die Götter und den Tod zu überlisten (Sisyphus = der Schlaue). Zweiter Rucksackträger der Welt (vergleiche Atlas). Für seine Schlauheit wurde er aber dazu verurteilt, auf Ewigkeit mit einem Felsblock im Rucksack Bergwanderungen zu unternehmen. Kurz vor dem Gipfel riß ihm aber der Riemen, der Rucksack mit dem Fels rollte zu Tal, und er mußte das Gleiche von vorne beginnen. Wegen dieses Sinninhaltes gilt Sisyphus bis heute als der wirkliche und eigentliche Stammvater der Bergwanderer.

Skilanglauf

Dem Wanderer feindlich gesinnte Abart der nutzlosen Fortbewegung im Freien. Früher auf den Winter beschränkt, heute mit Rollen zu jeder Jahreszeit in der Lage, den Fußwanderer zu belästigen.

Skunk

Pelztier. Amerikanisches, zwiebel- und knoblauchfressendes Tier, das sich (nach Gerüchten in Wanderkreisen) merkwürdigerweise angeblich auch in mitteleuropäische Gemeinschaftsschlafräume von Wanderherbergen einschleicht, immer wieder bemerkt, aber noch niemals gesehen wurde. Alte, erfahrene Wanderfüchse behaupten allerdings, es handele sich um eine Verwechslung entweder mit der gemeinen Hüttenwanze oder dem Iltis, die allerdings auch noch nie zwischen den Matratzen dieser Etablissements gesichtet wurden.

Socken

Dampferzeugendes Gerät des Wanderers, das ihm hilft, seinen Schritt zu beschleunigen. James Watt (1736-1819), einer der ersten englischen Wanderer und der Erfinder der Wattwanderungen, bekam im Jahre 1754 beim Anblick seiner qualmenden Socken am Ziel einer Volkswanderung die leuchtende Idee zum Konstruieren der Dampfmaschine.

Sommerschlußverkauf

Einfache Wanderbewegung für den einfachen Städter. Aber genauso anstrengend und teuer wie zwanzig Kilometer Volkslauf.

Sonnenschein

Einzig normaler, erlaubter Zeitpunkt zum Weggehen. Am 1. Mai 1938 soll aber der 2. Vorsitzende des Wandervereins „Heiße Sohle", Heinz Fischer, dabei beobachtet worden sein, wie er heimlich bei Regenwetter über den auf-

Skilanglauf

Sonnenstich

geweichten Wanderweg auf die Neuenburg wanderte. Noch bösere Zungen behaupten, daß er dort oben die Heidi mit dem Öhmi in flagranti erwischen wollte.

Sonnenstich	Entgegen anderslautenden, von Nichtwanderern verbreiteten Gerüchten kann man einen Sonnenstich erst während einer Wanderung bekommen.
Spaziergang	Schlaffes Gegenteil vom Wandern. Hier kommt es nicht darauf an, wie man nach dem olympischen Prinzip (citius, altius, longius, fortius) so schnell wie möglich so hoch und so weit wie möglich kommen kann, um seine Leistungsgrenze zu erreichen. Merkwürdigerweise wurde das Wandern noch nie für die Olympiade auch nur in Erwägung gezogen, obwohl diese Sportart alleine alle diese vier Werte in sich vereinigt. Manche Wanderer spezialisieren sich allerdings und wollen (longius) nur so weit wie möglich rennen, manche wollen (citius) so schnell wie möglich (in der Kneipe) ankommen und andere fallen nur im Gemeinschaftsschlafraum (fortius) auf.
Steigung	Verkehrtrum zeigender Neigungswinkel des Weges, der einem Talschleicher durch Fehlplanung der Wegstrecke unverhofft begegnen und auf keinen Fall akzeptiert werden kann. Wird durch Herausstrecken des Daumens (auch Autostopp genannt) ausgemerzt.
steil	Für einen Talsohler indiskutables Merkmal eines Wanderweges, das auf jeden Fall ignoriert wird. Das einzig steile, was einen zünftigen Flachbahngeher auf der Strecke in Wahrheit wirklich begeistern könnte, wäre höchstens ein Zahn.

Stein des Anstoßes	Autofahrer, Mountainbiker, Skilangläufer, Reiter, Raucher, Jäger und unordentlich angezogene Pseudowanderer, die nicht grüßen können.
Stelldichein	Nette Begegnung auf der Strecke in Form einer Wasserblase. „Da ist sie ja wieder!" ist der freudige Ausruf, der immer wieder auf den Rastplätzen beim Besichtigen der nackten Füße erschallt.
Stiefelknecht	Besser Stiefelmagd. Die fürs Wandern oft nicht so sehr engagierte, aber trotzdem durchaus an der Beziehung interessierte Lebensgefährtin, die dem fußkranken Wanderer die blutigen Stiefel hinterherträgt.
streunen	Abart des Wanderns, von Hunden, treulosen Ehemännern, Landstreichern und Katzen praktiziert.
Suchhund	Bernhardiner auf einem gelb-schwarz lackierten Gebirgsfahrrad mit Clubfähnchen. Angestellter des ADAC (Allgemeiner deutscher Alpenwander Club). Er trägt an einem Halsband ein gefülltes Cognacfaß und auf dem Gepäckträger einen Beutel mit Traubenzucker und einen Satz Krücken. Er patrouilliert auf den einschlägigen Wanderbahnen, nach erschöpften, dem Tod geweihten Individuen Ausschau haltend.
sympathisch	Gleichgesinnte, die richtig angezogen sind, rechts gehen und richtig grüßen können.

sympathisch

T

Tagesanbruch — Der wunderschöne Zeitpunkt des Sonnenaufgangs, an dem der zünftige Wanderer auf der Berghütte sich frohgemut erhebt, sich reckt und streckt, um sich müde, rechtschaffen betrunken und heiser ins Bett zu legen.

Taschenlampe — Waffe im weiblichen Rucksack. Bei Stromausfall und Verdunkelungsgefahr auf der Hütte unerläßliches Hilfsmittel zum Heimleuchten.

Taschenmesser — Achtundsiebzigteiliges Wunderwerk der hochkarätigen Schweizer Waffentechnik, das, in alle Welt exportiert, dafür sorgt, daß arabische Potentaten und Wanderer so gefährlich sind.

Taschentuch — Schicke Kopfbedeckung. Letzter Modeschrei, der jede Wandersfrau schwach macht. Als Sonnenhut dienend, hergestellt durch je einen Knoten an jeder Ecke, vor Hitzschlag und Sonnenstich schützend.

Tee — Alkoholfreies Erfrischungsgetränk in der Fellflasche des echten Wanderers. Es sieht aus wie Cognac, ist so schwer wie Cognac, riecht wie Cognac, schmeckt wie Cognac. Ist Cognac.

Testament — Teil der Vorbereitungen vor einer größeren Wanderung bei nicht ganz einwandfreiem Kreislauf. Der Trieb, trotzdem noch auf Wanderschaft zu gehen, resultiert nach den Ermittlungen des Verhaltensforschers und Wanderwissenschaftlers Dr. trot. Klaus Kober daraus, daß es die Wanderer, genau wie die Elefanten, Lachse usw. letztendlich zum Segnen des Zeitlichen viele, viele Kilometer weit hinaus in die Ferne zieht.

Theke	Der schönste Platz auf der ganzen Strecke. Einzig einleuchtender Sinn der ganzen Sache, sich so starke Schmerzen zuzufügen, daß es ein Hochgenuß ist, wenn's nachläßt, ist die hintergründige Philosophie, die einen Menschen auf den Weg schickt. Und was kann nach Dutzenden von Kilometern verlockender winken, als ein kühles Bier, eine Nudelsuppe und ein zünftiges Vesper?
Tirolerhut	Pilz- und filzförmiges Gerät, Marke Zuckerhut, das neben der gehäkelten Klopapierrollenmütze auf der Heckablage des Autos jedem und immerwährend stolz signalisiert, wo überall und wie man seine Bedürfnisse befriedigt.
Trillerpfeife	Notsignal, das in keiner Damenhandtasche fehlen darf. Damit kann die vorsichtige Frau ihren Mann von seinen gefährlichen Gratwanderungen zurückpfeifen.
Triumph	Glücksgefühl am Ziel nach erbitterter Schlacht gegen einen Schweinehund (siehe dort).
Trockenwasser	Lebensrettendes Pulver in Wüsten und sonstigen trockenen Wandergebieten. Wird in der Not, vor dem Verdursten, einfach angerührt und getrunken.
Tropenhelm	Lebensrettender Kopfschutz für Wanderer in Afrika, Asien und Gibraltar, da sie dort von Affen (aus Neid, wegen des aufrechten Wanderns) von den Bäumen herab mit Kokosnüssen beworfen werden.
Tubenkatharr	Aromatische Rucksackkrankheit. Im Rucksack ausgelaufene Zahnpasten, Sonnenöle, Streichkäse und Senfe.

Tubenkatharr

Umweg

U

Überfall	Volkswanderung. Massenveranstaltung, bei der Hunderte über die Natur herfallen. Auch Naturereignis genannt.
überholen	Nach der Wander-Straßenverkehrs-Ordnung (WStvO) immer nur links, auch wenn dort ein tiefer Abgrund gähnen sollte (Abgründe müssen immer gähnen, wenn sie die Horde ankommen sehen). Beim Überholen muß grundsätzlich mit dem linken, ausgestreckten Arm gewinkt werden, damit unverhofft Entgegenkommende sich rechtzeitig (im Abgrund) in Sicherheit bringen können.
Uhu	Furchteinflößende Laute ausstoßendes Untier, das den des nachts Verirrten panisch durch den Wald hetzen läßt.
Ulknudel	Auf keiner Speisekarte, aber an allen Tischen der Herbergen zu findende Spezialität.
umherirren	Siehe herumirren. (Sie müssen diesen Hinweis jetzt sofort befolgen, sonst lernen Sie das nie und nimmer).
Umweg	Vom rechten Pfad abzweigende, unbedeutende Verlängerung der Wegstrecke bis zu mehreren Stunden, die immer wieder nicht unbedingt freiwillig, ungern und unverhofft genommen wird.
Unsinn	Überhaupt ans Wandern zu denken, ohne die gründliche Vorbereitung durch dieses hier vorliegende Fachbuch. Ohnehin begegnet man oft völlig unvorbereiteten Wanderern in unvollständiger oder unqualifizierter Ausrüstung, die z. B. mit unzureichendem Schuhwerk (beim Hüttenzauber) in Wanderschuhen tanzen müssen.

Verbandszeug

Urschrei	Fröhlicher Ausruf beim Erkennen, daß man aus Versehen schon seit zwei Stunden in die entgegengesetzte Richtung gelaufen ist.

V

Vater Morgana	An der Tür seiner Herberge winkender Hüttenwirt, der am Horizont gerade noch zu erkennen ist, der sich aber genauso schnell mitsamt seinem Haus wegbewegt, wie der auf diese Situation zukriechende Hungernde und Dürstende, so daß der Abstand immer gleich erscheint.
Vatertag	Mißverstandener, auf den Kopf gestellter Feiertag. Statt Christi Himmelfahrt zu feiern, wird daraus Vatis Höllenmarsch.
Verbandszeug	Verknöcherte Funktionäre in traditionsreichen Wander- und Heimatverbänden, die das Wandern nur vom Schreibtisch aus kennen.
Verkehrsdurchsage	„Achtung Wanderer! Auf dem WW 812 Feldberg Richtung Hinterzarten spaziert Ihnen bei Kilometerstein 34 ein rauchender Autofahrer entgegen. Bleiben Sie äußerst ruhig, überstürzen Sie nichts, Sie werden benachrichtigt, wenn das Ärgernis aus dem Weg geräumt ist."
Verkehrsknotenpunkt	Berghütte.
Videokamera	Statussymbol. So wie früher die Schulterstücke der kaiserlichen Armee sind heute die auf der Schulter getragenen Videokameras ein ansonsten nutzloses Zeichen für

Prestige. Denn wer schaut sich auch immer dieselben langweiligen Szenen mit Bäumen, Wiesen und abgeschlafften Wanderern an, wo doch auf RTL plus die banalsten Sexfilme mit höchsten Ausschaltquoten laufen?

Völkerwanderung   Bewegung, die der Pfälzerwaldverein im vierten Jahrhundert ins Leben rief und ganze Völker von Wandervögeln westwärts mobilisierte. Nicht zu verwechseln mit Volkswanderung.

Vogelstimmen   Die friedliche Stimmung im Wald störendes tierisches Geschrei, das aber durch Gegensteuern (Jodeln, Singen von Wanderliedern, Klampfengeräusch, Ehekrach, Kofferradio etc.) überdeckt bzw. zum Verstummen gebracht werden kann.

Vorderwäldler   Wanderer aus der Sicht der Hinterwäldler.

Vorfahrt   Um Kollisionen in der freien, nicht durch einen Mittelstrich und Leitplanken gekennzeichneten Landschaft zu vermeiden, wurden im Jahre 328 mit Beginn der Völkerwanderung (siehe dort) die eindeutigen Vorfahrtsregeln der Wander-Straßen-Verkehrsordnung aufgestellt. Da die Wikinger auf See, wegen der dort ebenfalls fehlenden Markierungen mit ähnlichen Problemen kämpfend, die besten Erfahrungen vor allem mit dem eindeutig zu definierenden Wind gemacht hatten, übernahmen die auf dem Festland wandernden Völker deren Grundregeln (siehe Vorfahrtsregeln).

Vorfahrtsregeln   Berufswanderer vor Spaziergängern, Unmotorisierte vor Wanderern mit Hilfsmotor (das wäre ja noch schöner).

Walz

Gleichartige müssen immer nach rechts ausweichen. Wer unter der Last des Rucksacks nach links geneigt (über backbordbug) hinkt, hat Vorfahrt vor dem nach rechts (steuerbordbug) gekrümmten Naturteilnehmer. Der im Windschatten (leewärts) Laufende hat das Vorrecht vor dem, der näher am Wind geht (um den gegnerischen Ausdünstungen nicht zu lange ausgesetzt zu sein). Überholen nur auf der dem Wind entgegenstehenden (luv) Seite.

W

Waden	Statussymbol. Durch viele stolze Kilometer erzeugte walzenförmige Keulen (daher der Ausdruck „auf der Walz sein") oberhalb der Knöchel.
Wadenkrampf	Einhaltgebietendes Symptom, mit der die Natur den Kilometerwahn in seine Schranken verweist.
Wadenstrumpf	Früher fußloses Kleidungsstück armer bayrischer Wanderer, die sich keinen kompletten Strumpf leisten konnten. Heute tiefstapelndes Statussymbol und Ver-Kleidungsstück von Neureichen.
Waldbrände	Katastrophen, die ahnungslose Wanderer mit ihren heißgelaufenen Füßen im Sommer oft unbemerkt verursachen.
Walz	Anderer Ausdruck für Wandern. Auf der Walz sein heißt, intensiv die Gegend zu vereinnahmen, und alles, was sich unverhofft in den Weg stellt (Raucher, Edelweiß, Mountainbiker, Kaninchen usw.), niederzuwalzen.
Wandalen	Mißbildung des Wortes Wanderer. Mißgeburt, die auf Rast- und Grillplätzen die Bänke verfeuert.

Wandertrieb

Wanderer	Einer der auszog, das Fürchten zu lernen.
Wanderführer	1. In Buchform gestalteter Irreführer. Mit der Benutzung eines Wanderführers werden in der Regel aus Wanderern Genasführte. 2. In Hammelform gestaltetes Leittier, mit einem Rattenschwanz an Wanderratten. Nicht zu Verwechseln mit einem Irrenführer.
wandern	1. Die merkwürdige Lust, mit schmerzenden Muskeln frierend, schwitzend, hungernd und dürstend das Weite zu suchen. 2. Therapie gegen Verstopfung. 3. Disziplinierungsversuch (der Lehrer) (der Schüler) mit Hilfe eines Schulausflugs. 4. Im Gleichschritt praktizierte Methode, daß jeder Soldat nicht dahin läuft, wohin es ihm paßt, also ihn bei der Fahne zu halten.
Wanderratte	Fanatischer Kilometerfresser, der bei Tag und Nacht, bei Wind und Wetter, bei Regen und Schnee pausenlos (ißt und trinkt im Gehen) durch die Gegend huscht.
Wanderrattenfalle	Gletscherspalte.
Wanderstab	1. Ziermöbel im Freien. 2. Waffenscheinfreies Gerät für Auto- und Pseudowanderer, zum Schutz vor gefährlichen Gänsen und spottliedersingenden Bergbauernkindern sowie zum Köpfen nutzlos im Weg stehender Blumen und Pilze.
Wandertrieb	Poriomanie. Ich bitte tausendmal um Entschuldigung, aber nach Brockhaus, Band 14, Seite 346: Im Verstim-

mungszustand vorkommender unwiderstehlicher Drang zum Davonlaufen oder planlosen Herumreisen, bevorzugt bei Epileptikern und bestimmten Gruppen von Psychopathen.

Wandervogel   Siehe Pinguin.

Wasser   Flüssigkeit, die ein normaler Mensch höchstens am Morgen und auch nur mit seiner Haut in Verbindung bringt, die aber, während eines strammen Marsches aus dem Felsen sprudelnd, zu einer himmlischen Köstlichkeit wird, die jedes kühle Bier, das aber erst zehn Kilometer weiter oben verzapft wird, zur Bedeutungslosigkeit verurteilt.

„Wasser"   Röchelnder, ungehört verhallender Schrei in der Sahara und an den europäischen Wanderwegen.

Wasserträger   Der (bzw. die) in der Familie, der (bzw. die) früher oder später immer den Rucksack tragen muß.

wasserwandern   Zu Fuß über einen See gehen. Gelang, ohne abzusaufen, eindeutig nur eineinhalbmal (zirka 30 n. Chr. auf dem See Genezareth).

Watt   Wanderland an der Nordsee. Vierhundert Quadratkilometer Fläche. Bevölkert von zirka 18.000 Wanderern (aber meist nur bei Ebbe). Hauptstadt Wattenscheid. Wird diktatorisch von einem Führer beherrscht.

Wattführer   Ostfriesischer Beruf mit dreijähriger Lehrzeit. Ausbildungsplan: Man zeigt der Gruppe mit einer weitausholenden Armbewegung den Horizont und spricht diesen in den drei Jahren gut auswendig gelernten Satz: „Meine Damen und Herren, Sie sehen hier das Watt. Wie Sie bemerkt

Wasserträger

haben, besteht es ausschließlich aus feuchtgrauem Schlamm. In den Rillen hier überall, Priele genannt, kommt nachher gleich wieder die Flut, aus diesem Grund wollen wir jetzt flugs in möglichst 60 Wattsekunden (= 60J = 60 hoch 7 erg) das rettende Ufer erreichen! Ich danke Ihnen für Ihre Aufmerksamkeit, Auf Wiedersehen. Ihr reichliches Trinkgeld deponieren Sie bitte hier in der hoffentlich ausreichend großen Prinz-Heinrich-Mütze meines armen Sohnes, der bedauerlicherweise an einem Wasserkopf leidet.''

Wattwanderung	1. Wie der Name schon sagt, ein Waten durch den Schlamm. Bei Ebbe in der Kasse die billigste Art, eine Wanderung zu unternehmen, da unterwegs kein einziges Restaurant auf den Geldbeutel des Wattwanderers lauert. 2. Billige Form der Ehescheidung. 3. Laufen wie auf Watte, wenn nach vielen, vielen Kilometern die Füße endlich ganz gefühllos werden.
Wattwandann	1. Chinesische Suppe. 2. Ungläubig fragender Aufschrei eines Ostfriesen, wenn er zur Teilnahme an einer Wattwanderung aufgefordert wird. Ausführlich: ,,Watt? - Wattwandann? - Watt atten?'' (Übersetzung der Redaktion: Wie bitte? Eine Wattwanderung? Um was handelt es sich denn dabei?)
Wohnsitz, fester	Erste Adresse in einem festgebauten Haus.
Wohnsitz, loser	Zelt im Rucksack.
Wohnsitzloser	Parkbankbewohnender hauptberuflicher, fortwährend polizeilich belästigter Wandersmann.

Xanthippe

Wolf

In Rudeln umherwanderndes Tier, das in Mitteleuropa aber nur vereinzelt auf markierten Wanderwegen vorkommt.

X/Y

Xanthippe

Ehefrau/Partnerin eines Wanderers, die immer zuerst am Ziel ist.

Yachtbesitzer

Spätform des ermüdeten, etablierten Wanderers, ohne einen Schritt gehen zu müssen und ohne Benzin zu verbrauchen, doch ans Ziel zu kommen.

Z

Zahnpasta

Im Rucksack eines ausgebufften Profis eine Tube, die schon fast ganz (aus Gewichtsersparnis) verbraucht ist.

Zecken

Einzige Waldbewohner, die den Wanderer zum Fressen gerne haben.

Zehen

Unnütze Körperteile, die in den Wanderschuhen immer nur im Weg 'rumstehen und für Ärger sorgen. Der Schwarzwaldverein soll in seinen geheimen Versuchslabors Retortenwanderer ohne Zehen und Fersen züchten.

Zunge

Körperteil, das sich proportional mit den gelaufenen Kilometern verlängert. Sie paßt bald nicht mehr in den Mund und kündigt den Sanitätern am Ziel mit ihrem leuchtend roten Signal (vergleichbar der Not-Leuchtkugel) schon von weitem an: „Achtung, in zehn Minuten haben wir den nächsten Patienten hier".

Zwischenspurt

Für den Skiläufer auf der Langlaufspur sehr ärgerliches Unterfangen, wenn ein Wanderer seine eigenen Wanderstiefelrillen dazwischen spurt.

Zynismus

Großspuriges Renommieren eines Geländewagenfahrers einem Wanderer gegenüber, die Strecke Unterjoch - Oberjoch in fünf Minuten geschafft zu haben. In Wirklichkeit purer Neid gegenüber den eineinhalb Stunden des Wanderers.

...eh·men [ap'neːmən]
...Kunst, frohen Herzens
...nde zu verlieren,
...nschließend,
...heren Herzens,
...nzufuttern.

...REICHES WÖRTERBUCH FÜR SCHLANKHEITSAPOSTEL, ...AMMER, ABNAHMWILLIGE, KALORIENZÄHLER, ...ABBERER, YOGHURTSCHLÜRFER UND FASTENFREAKS ...ON JOSEF EBNER UND KARL-HEINZ BRECHES

ISBN 3-8231-0135-8

All·gäu
heiter betrachtet

DER FRÖHLICHE REISEFÜHRER FÜR ALLE, DIE IM ALLGÄU ZU HAUSE SIND, FÜR ALLE, DIE IM WINTER WIE IM SOMMER DORT ERHOLUNG SUCHEN UND FINDEN. VON STEFAN LENZ UND JOST SCHULZE

ISBN 3-8231-0543-4

an·geln [an·gln]

ist die Kunst, zu stippen, zu heben, zu senken oder zu spinnen, um Fische zu fangen, die man eigentlich nicht braucht.

EIN WÖRTERBUCH FÜR SONNTAGSANGLER, WURMBADER UND ANDERE PETRIJÜNGER VON HENRY BEARD & ROY McKIE

ISBN 3-8231-0126-9

Ar·chi·tek·tur [arçi'tekˈtuːr]

(ist) die Kunst, Bauprojekte aus dem Nichts zu zaubern und ihre halbwegs ähnliche Ausführung in begehbarem Maßstab zu überwachen.

EIN FRÖHLICHES WÖRTERBUCH FÜR ARCHITEKTEN, STATIKER, STADTPLANER UND INTERESSIERTE LAIEN, WIE CHE DIE HINTER DEM UMBAUTEN RAUM WIRKENDEN PHÄNOMENE VERSTEHEN WOLLEN. VON WOLFGANG BACHMANN UND ERNST HÜRLIMANN.

ISBN 3-8231-0176-5

au·to·fah·ren [autoˈfaːrn]

(ist) die Kunst, viel Geld in einen Haufen Blech zu stecken, um schneller als derjenige voran zukommen, der einen gerade überholen will.

EIN WÖRTERBUCH FÜR AUTOMOBILISTINNEN, KAPITÄNE DER LANDSTRASSE, UND ANDERE KAVALIERE AM STEUER. VON DR. MICHAEL FUNCKE UND PETER RUGE

ISBN 3-8231-0166-8

...k & Bör·se [bank & bœrzə]
...Institutionen,
...en der Kunde
...ist; denn
...und
...das Geld,
...m alle
...en.

...ERBUCH FÜR BANKER, BROKER, BULLEN UND BÄREN, ...SCHAFTSLEUTE, LOHN- UND GEHALTSEMPFÄNGER ...LS AKTIONÄRE ODER SPARER DER WIRTSCHAFT ...G HALTEN. VON KLAUS GOPPERT UND KLAUS PUTH

ISBN 3-8231-0139-0

berg·stei·gen [berkˈʃtaign]

(ist) die Kunst, auf dem Umweg über einen Gipfel unter Lebensgefahr an die Stelle zurückzukehren, an der man sich sowieso schon befunden hat.

EIN WÖRTERBUCH FÜR HIMMELSSTÜRMER UND FLACHLAND-TIROLER, ALMRAUSCHFREUNDE UND ENZIANSCHLUCKER, MÖCHTEGERN-TRENKER UND ZIVILISATIONSMÜDE. VON JOSEF EBNER

ISBN 3-8231-0116-1

Bio·köst·ler [broˈkœstlɐ]

(sind) Vollwert-Menschen, die so ungeheuer gesund leben, daß sie den anderen Menschen nicht ganz geheuer sind.

EIN FRÖHLICHES WÖRTERBUCH FÜR DIE WACHSENDE SCHAR DERJENIGEN, FÜR DIE KEIN WEG ZU WEIT UND KEIN PRODUKT ZU TEUER IST, WENN ES UM DIE SOGENANNTE »GESUNDE ERNÄH-RUNG« GEHT. VON NIKOLAUS BAVARIUS UND KLAUS PUTH.

ISBN 3-8231-0173-0

Brief·mar·ken [briːfˈmarkn]

(sammeln ist) die Kunst, viel Zeit und Geld in bunte Papierschnipsel zu stecken, die einem unter der Lupe – hoffentlich alle! – »Zähne« zeigen.

Darf ich Ihnen meine Briefmarkensammlung zeigen?

EIN FRÖHLICHES WÖRTERBUCH FÜR ALLE, DIE IN BRIEFMARKEN MEHR SEHEN ALS BEFÖRDERUNGSENTGELTE FÜR DIENSTLEISTUNGEN DER POST. VON DIETRICH HÖCHSTÄDTER UND K.-H. SCHOENFELD.

ISBN 3-8231-0177-3

Büro [byˈroː] Beliebter Aufenthaltsort für Berufstätige, die dort möglichst ungestört von Urlaub und Freizeit träumen möchten.

PIT GROVE

WÖRTERBUCH FÜR CHEFS, SEKRETÄRINNEN, BEAMTE, ANGESTELLTE, JUBILARE, PENSIONÄRE UND ALLE ANDEREN BÜROSCHLÄFER. VON GÜNTER STEIN UND PIT GROVE

ISBN 3-8231-0105-6

...o·kra·teln [byroˈkraːtln]
...nst, einen Arbeitsplatz im öffentlichen Dienst
... so perfekt
...hen, daß keiner etwas versteht.

...S WÖRTERBUCH FÜR POLITIKER, BEAMTE, ...OFFENEN BÜRGER UND ANDERE LEIDTRAGENDE ...N HEINZ-JOSEF SIMONS UND KLAUS PUTH

ISBN 3-8231-0138-2

Fröh·li·che Wör·ter·bü·cher von A bis Z

Bun·des·wehr [bundəsveːr]

(ist) eine Gemeinschaft von Männern, die 12 Monate oder länger Dauerstreß und Druck von oben oder Drill und Dreck von unten in der Hoffnung ertragen, deshalb den Ernstfall nie erleben zu müssen.

EIN WÖRTERBUCH FÜR ALLE, DIE BEIM »BUND« MEHR ODER WENIGER FREIWILLIG DIENST TUN (MÜSSEN), UND DEREN MITBETROFFENE ANGEHÖRIGE. VON HEINZ VOLZ UND WOLFGANG WILLNAT

ISBN 3-8231-0136-6

...van & Boot [kaˈravan & boːt]
...ohn- und Fortbewegungsmittel für Freizeit-
...er, denen kein Wasser zu tief und keine
... verstopft ist.

...LICHES WÖRTERBUCH FÜR ALLE NATURFREUNDE, ...ER, CARAVANISTEN, MOTSTRAILER, ANLIEGER UND ...ETROFFENEN. ... UND ... SPENDTNER, V.K. THOMALLA UND I. LIEBERMANN.

ISBN 3-8231-0159-5

Ci·ne·ma & Ki·no [sinma & kino]

(sind) der Spiegel einer Epoche: Schaut der Kinogänger hinein, schaut sein Unterbewußtsein heraus.

EIN FRÖHLICHES WÖRTERBUCH FÜR KINOGÄNGER, AUCH-KINOGÄNGER, CINEASTISCHE FUNDAMENTALISTEN, FACH-IDIOTEN, DIPLOM-FERNSEHZUSCHAUER UND GEWÖHN-LICHE TRAUMTÄNZER. VON PONKIE UND NIK EBERT

ISBN 3-8231-0179-X

Com·pu·ter [kom·pju·tər]

Synthetisches Gehirn, das nichts vergißt und blitzschnell reagiert, vorausgesetzt, es wurde von einem natürlichen Gehirn richtig gefüttert.

EIN WÖRTERBUCH FÜR COMPUTER-FREAKS UND PROGRAMMIERER, FÜR BÜROMENSCHEN, WELTRAUMKRIEGER UND FANATISCHE HACKER.
VON NIKOLAUS BAVARIUS UND KLAUS PUTH

ISBN 3-8231-0110-2

Dackel [dakl]

Platzsparender Kompakthund, dessen äußere Erscheinung in verblüffendem Kontrast zu seiner Kampfkraft und seiner inneren Größe steht.

EIN FRÖHLICHES WÖRTERBUCH FÜR HERRCHEN, FRAUCHEN, VERSTÄNDNISVOLLE NACHBARN, LEIDGEPRÜFTE BRIEFTRÄGER, RAUH-, KURZ- UND LANGHAARDACKEL SOWIE ALLE, DIE DEM TREUEN DACKELBLICK NICHT WIDERSTEHEN KÖNNEN.
VON NORBERT BARTNIK UND BRIAN BAGNALL.

ISBN 3-8231-0162-5

DDR-deutsch [deːdeːˈer-dɔytʃ]

(ist) eine meist aus Abkürzungen bestehende, akustische Verständigungsform, die z.B. in Sachsen sogar sprachähnlichen Charakter besitzt.

EIN FRÖHLICHES WÖRTERBUCH FÜR URLAUBER, SPEKULANTEN UND TOURISTEN AUS DEM WESTEN SOWIE FÜR NOSTALGIKER UND BÜRGER DER 40 JAHRE LANG AUS- UND EINBLICK BEHINDERTEN DEUTSCHEN PROVINZEN. VON NIKOLAUS BAVARIUS UND REINER SCHWALME

ISBN 3-8231-0181-1

...tsch·land·O (ho!)
...betrachtet

...LICHE REISEFÜHRER FÜR ALLE, DIE DEM NAHEN ...ZWISCHEN ELBE UND ODER NAHESTEHEN ...WEIL ER IHNEN NAHLIEGT UND NAHESTEHT. GABRIELE STAVE UND REINER SCHWALME

ISBN 3-8231-0545-0

do it your·self [duːɪt joːˈself]

(ist) die Kunst, in der Freizeit ohne Bezahlung zu schuften und dabei auch noch Spaß zu empfinden.

EIN FRÖHLICHES WÖRTERBUCH FÜR HOBBY-HANDWERKER, BASTLER, DEREN HANDLANGER UND ANDERE FAMILIENANGEHÖRIGE. VON VICTOR GÖTZ

ISBN 3-8231-0101-3

E·D·V [eːdeːˈfau]

Abk. für »Elektronische Daten-Verwirranlage«, die immer mehr Menschen in ihren Bann zieht.

DAS OFFIZIELLE WÖRTERBUCH FÜR ALLE, DIE MIT EINER ELEKTRONISCHEN DATENVERARBEITUNGSANLAGE LEBEN UND LEIDEN MÜSSEN. VON NIKOLAUS BAVARIUS UND KLAUS PUTH

ISBN 3-8231-0120-X

Eis·hockey [ˈaɪsˌhɔki]

(ist) die Kunst, mit schnalen Kufen auf übers Eis zu fetzen, die beim immer nur der Gegner auf die Stra... ban... mü...

EIN WÖRTERBUCH FÜR ALLE SPIELER, TRAINER, SPONSOREN UND FANS VON HANS JOACHIM ALPERS UND PETER RUGE

ISBN 3-8231-0137-4

Fall·schirm·springen [ˈfalʃɪrmˌʃprɪŋən]

(ist) die Kunst, nach Absprung aus einem fliegenden Luftfahrzeug mit Hilfe eines windigen Stückes Tuch ohne Schaden an Leib und Seele auf die Erde zu finden und dabei so wenig Flurschaden wie möglich zu verursachen.

EIN WÖRTERBUCH FÜR LUFTAKROBATEN, PARA-ARTISTEN UND ALLE, DIE DEN NERVENKITZEL LIEBEN, AUS EINEM LUFTFAHRZEUG ZU DEN NERVENKITZEL... VON PETER RUGE

ISBN 3-8231-0121-8

ISBN 3-8231-0152-8

ISBN 3-8231-0157-9

ISBN 3-8231-0122-6

ISBN 3-8231-0144-7

ISBN 3-8231-0114-5

ISBN 3-8231-0113-7

ISBN 3-8231-0541-8

ISBN 3-8231-0554-2

ISBN 3-8231-0107-2

ISBN 3-8231-0128-5

ISBN 3-8231-0112-9

ISBN 3-8231-0542-6

ISBN 3-8231-0149-8

ISBN 3-8231-0546-9

ISBN 3-8231-0147-1

ISBN 3-8231-0187-0

ISBN 3-8231-0167-6

ISBN 3-8231-0540-X

ISBN 3-8231-0129-3

ISBN 3-8231-0143-9

ISBN 3-8231-0168-4

ISBN 3-8231-0119-6

ISBN 3-8231-0123-4

ISBN 3-8231-0134-X

ISBN 3-8231-0154-4

Ku·ren & Kneip·pen [ku:rən & knaipn]

⟨ist⟩ die Kunst, so gesund krank zu sein, daß der Urlaub vom Arzt verschrieben, von der Krankenkasse bezahlt und dann in vollen Zügen genossen wird.

EIN FRÖHLICHES WÖRTERBUCH FÜR KUR-GÄSTE, KUR-FÜRSTEN, KUR-TISANEN, KUR-SCHATTEN UND ANDERE KUR-LAUBER. VON URSULA BAGNALL UND BRIAN BAGNALL.

ISBN 3-8231-0163-3

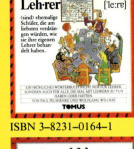

Leh·rer ['le:rɐ]

⟨sind⟩ ehemalige Schüler, die am liebsten verdrängen würden, wie sie ihre eigenen Lehrer behandelt haben.

EIN FRÖHLICHES WÖRTERBUCH NICHT NUR FÜR LEHRER, SONDERN AUCH FÜR ALLE, DIE MAL MIT LEHRERN ZU TUN HABEN ODER HATTEN. VON PAUL PELSHENKE UND WOLFGANG WILLNAT.

ISBN 3-8231-0164-1

Leicht·ath·le·tik [laiçtat'le:tik]

⟨ist⟩ die Kunst, im ständigen Kampf gegen die Uhr, die Schwerkraft und den Wind, den Mut nicht zu verlieren und sich außerdem noch erfolgreich gegen die hartnäckige Konkurrenz durchzusetzen.

EIN FRÖHLICHES WÖRTERBUCH FÜR ALLE SPRINTER, SPRINGHASSE, HÖHENJÄGER, SCHLEUDERRIESEN, STOSSER SOWIE LEICHTATHLETIK-FREAKS AUF DER TRIBÜNE UND VOR DEM FERNSEHSCHIRM. VON STEFAN MARKUS UND PETER BUTSCHKOW.

ISBN 3-8231-0169-2

Män·ner [ˈmɛnɐ]

⟨sind⟩ große Kinder, die um so anstrengender sind, je älter sie werden.

EIN FRÖHLICHES WÖRTERBUCH FÜR VERTRETER DES „STARKEN" GESCHLECHTS, DIE IHRER SCHWACHEN WEGEN GELIEBT WERDEN, UND FÜR DEREN BESSERE HÄLFTEN. VON RUDOLF BONNEN UND PETER RUGE.

ISBN 3-8231-0170-6

Ma·nage·ment ['mænidʒmənt]

⟨ist⟩ die Kunst, die Verantwortung für Entscheidungen zu tragen, die man selbst am liebsten gar nicht treffen möchte.

EIN WÖRTERBUCH FÜR VORGESETZTE, DEREN EHEFRAUEN UND MITARBEITER UND ANDERE UNMITTELBAR BETROFFENE. VON LUDWIG SCHÄTZ UND KLAUS PUTH.

ISBN 3-8231-0124-2

Mark Bran·den·burg

heiter betrachtet

DER FRÖHLICHE REISEFÜHRER FÜR O₂, W, D, UND BLITZ-MÄRKER, FONTANE-FANS UND ALLE, DIE IHM GETREU „DEN GUTEN WILLEN HABEN, DAS GUTE GUT ZU FINDEN". VON GABRIELE STAVE UND LOUIS RAUWOLF.

ISBN 3-8231-0539-6

mo·tor·rad·fah·ren [mo:torrat 'fa:rən]

⟨ist⟩ die Kunst, mit kühlem Kopf auf einem heißen Ofen voll abzufahren.

EIN FRÖHLICHES WÖRTERBUCH FÜR MOTORRADFAHRER/INNEN, BEIFAHRER/INNEN, BIKER, ROCKER, EASY RIDER UND ALLE, DIE GERN AUF EINEM FEUERSTUHL HOCKEN. VON DOROTHEA JOKUTSCH UND PETER RUGE.

ISBN 3-8231-0140-4

Mün·chen

heiter betrachtet

EIN FRÖHLICHER REISEFÜHRER UND VERFÜHRER DURCH EINE SEHR SÜDLICHE WELTSTADT MIT HERZ, IN DER SICH AUCH NORDLICHTER UND ANDERE PREUSSEN WIE AMERIKANER, JAPANER UND CHINESEN WOHLFÜHLEN. VON FRITZ FENZL UND ERNST HÜRLIMANN.

ISBN 3-8231-0538-3

Mut·ter [mʊtɐ]

⟨ist die⟩ Berufsbezeichnung für eine unbezahlte Arbeitskraft, die zum Wohle der Familie keine Mühen scheut, jede Menge Liebe verströmt und klaglos alle Sorgen auf sich nimmt, ohne je kündigen zu können.

EIN FRÖHLICHES WÖRTERBUCH FÜR SCHWANGERE, WÖCHNERINNEN, GESTRESSTE VÄTER, GELIEBTE MÜTTER UND GROSSMÜTTER SOWIE DEREN KINDER UND ENKEL. VON BIRTE PRÖTTEL UND JULIA DRINNENBERG.

ISBN 3-8231-0185-4

Neu·es Heim [nɔyəs haim]

⟨ist⟩ der Ort, von dem man lange geträumt hat und der nun auf einen Verweilen einlädt – ein Leben lang.

EIN WÖRTERBUCH FÜR BAUHERREN, ARCHITEKTEN, BAUSPARER, FRISCH GEBACKENE WOHNUNGSBESITZER, MAKLER, MIETER UND ALLE, DIE ES WERDEN WOLLEN. VON G. J. FRANK UND PIT GROVE.

ISBN 3-8231-0117-X

Oma & Opa [o:ma & o:pa]

⟨sind⟩ liebenswerte Zweiteltern, die stets dann einspringen, wenn die Eltern etwas Besseres vorhaben, als selbst für ihre Kinder zu sorgen.

EIN FRÖHLICHES WÖRTERBUCH FÜR ALLE OMAS UND OPAS, DIE ES HEUTE SCHON SIND, DEREN KINDER, DIE ES MORGEN SEIN WERDEN, UND DEREN STAUNENDE ENKEL, DEN GROSSELTERN VON ÜBERMORGEN. VON C. J. FRANK UND K.-H. BRECHEIS.

ISBN 3-8231-0171-4

Fröh·li·che Wör·ter·bü·cher von A bis Z

Pfer·de·sport [pfe:rdəsport]

⟨ist⟩ die Kunst, Vierbeiner so zu traktieren, daß der Zweibeiner auf einem Treppchen landet und der Vierbeiner nach wie vor nur Hafer kriegt.

EIN FRÖHLICHES WÖRTERBUCH FÜR SPRINGREITER UND DRESSURKÜNSTLER, GALOPPER UND TRABER, MUTIGE AMAZONEN UND SUPERLEICHTE JOCKEYS SOWIE ALLE, DIE HOHE EINSÄTZE AUF IHREN VIERBEINIGEN FAVORITEN WAGEN. VON GERRIT WÖCKENER UND LAURIE SARTIN.

ISBN 3-8231-0156-0

Rad·fahren ['rad-fahren]

ist die Kunst, allein, zu zweit oder in Gruppen, bergauf und bergab auf zwei Rädern das äußere Gleichgewicht zu halten, um das innere Gleichgewicht zu erfahren.

EIN WÖRTERBUCH FÜR FRISCHLUFTFANATIKER, AUTOVERÄCHTER, PEDALRITTER UND ANDERE STRAMPLER JEDEN ALTERS. VON JOSEF EBNER UND JULES STAUBER.

ISBN 3-8231-0109-9

rei·ten [raitn] ⟨ist⟩ die Kunst, sich länger als fünf Minuten auf einem wild dahingaloppierenden Pferd im Sattel zu halten, ohne sich anmerken zu lassen, wie einem wirklich zumute ist

EIN FRÖHLICHES WÖRTERBUCH FÜR REITER, PFERDE, REITSPORTFREUNDE UND HIPPOLOGEN. VON VICTOR GÖTZ UND LAURIE SARTIN.

ISBN 3-8231-0175-7

ru·dern [ru:dɐn]

⟨ist⟩ die Kunst, knüppelschwingend hin- und herzurollen und sich damit über Wasser zu halten, ohne ein Ziel vor Augen zu haben.

EIN FRÖHLICHES WÖRTERBUCH FÜR SCHLAGFERTIGE UND PULLANFÄNGER, RENNER AUF WASSERWEGEN, STEUERGEWITZELTE KREISFÄNGER UND ALLE PINSELSPORTFREUNDE UND DOLLENFETTFANS. VON HANS-DIETRICH SCHWANDT UND KARL-HEINZ SCHOENFELD.

ISBN 3-8231-0172-2

Salz·burg

heiter betrachtet

EIN FRÖHLICHER REISEFÜHRER FÜR DIE FREUNDE EINER DER DREI SCHÖNSTEN STÄDTE DER WELT, FÜR FESTIVAL-REISENDE, MOZARTFANS UND KUNSTLIEBHABER. VON BARTEL F. SINHUBER UND DIETER ZEHENTMAYER.

ISBN 3-8231-0535-3

Schach·spie·len [ʃaxʃpi:lən]

⟨ist⟩ die Kunst, stets weiter vorauszudenken als der Gegner.

EIN FRÖHLICHES WÖRTERBUCH FÜR ALLE STRATEGEN UND DENKSPORTLER, FÜR SCHACHBEGEISTERTE UND -BESESSENE, FÜR PROFIS UND AMATEURE SOWIE FÜR DEREN MITBETROFFENE ANGEHÖRIGE. VON G. CYPFKA UND L. SARTIN.

ISBN 3-8231-0174-9

Schles·wig-Hol·stein

heiter betrachtet

ISBN 3-8231-0537-X

Schu·le [ʃu:lə]

⟨ist⟩ der beste Ort zum Aushecken von Streichen, an die sich kleine so lange mit Vergnügen erinnern, bis sie selber schulpflichtige, nachhilfebedürftige Kinder haben.

EIN WÖRTERBUCH FÜR GEPLAGTE SCHÜLER ZWISCHEN 6 UND 14 JAHREN UND GESTRESSTE LEHRER JEDEN ALTERS, FÜR ALLZU EHRGEIZIGE VÄTER UND MEIST NACHSICHTIGE MÜTTER. VON GÜNTER STEIN UND KLAUS MEINT.

ISBN 3-8231-0111-0

Schweiz

heiter betrachtet

DER FRÖHLICHE REISEFÜHRER FÜR ALLE, DIE BEI DEN KINDERN TELL UND HELVETIA DEN HUMOR SUCHEN. VON JÜRG MOSER UND MARTIN SENN. EIN Rotstift-Büchlein.

ISBN 3-8231-0536-1

Schwie·ger·mut·ter [ʃvi:gɐmʊtɐ]

⟨ist eine⟩ angeheiratete Respektsperson, die immer nur das Beste will und nicht nur das Eheleben der Kinder, sondern auch das Wirtschaften durch zahllose selbstlose Beiträge bereichert.

EIN FRÖHLICHES WÖRTERBUCH FÜR SCHWIEGER-SÖHNE UND SCHWIEGERTÖCHTER, GESELLSCHAFTLICH DISKRIMINIERTE UND (MEIST ZU UNRECHT) GEFÜRCHTETE UND VERSPOTTETE SCHWIEGERMÜTTER. VON N. BARTNIK UND B. SACK.

ISBN 3-8231-0183-8

schwim·men [ʃvɪmən]

⟨ist⟩ die Kunst, in allen Lebenslagen den Kopf über Wasser zu halten und sich ein stilgerechtes Fortkommen zu sichern.

EIN FRÖHLICHES WÖRTERBUCH FÜR ALLE WASSERRATTEN, STRANDLÖWEN, QUALLENFREUNDE, FROSCHNATUREN, BLEIENTEN UND LUSTMOLCHE IN HALLEN, WANNEN- UND FREIBÄDERN. VON ANDREAS GÖTZE UND PETER RUGE.

ISBN 3-8231-0184-6

se·gel·flie·gen [ˈze:gl̩fli:gn̩]
‹ist› die Kunst, sich mit einem Flugzeug ohne einen Tropfen Sprit so lange in der Luft zu halten, bis ein Acker oder ein Flugplatz die Reise beendet.
EIN FRÖHLICHES WÖRTERBUCH FÜR ALLE SEGELFLIEGER, FLUGLEHRER UND -SCHÜLER, THERMIK-SCHNÜFFLER, AUFWINDARTISTEN UND ALLE, DIE SICH OHNE MOTOR IN DIE LUFT BEGEBEN WOLLEN.
VON V. K. THOMALLA, B. PFENDTNER UND H. MAUCH
TOMUS
ISBN 3–8231–0151–X

se·geln [ˈze:gln]
1. ‹ist› die Kunst, naß und krank zu werden, um mit hohen Ausgaben langsam nirgendwohin zu treiben.
EIN WÖRTERBUCH FÜR LANDRATTEN, SEEBÄREN UND BADEWANNEN-KAPITÄNE
VON H. BEARD & R. McKIE
TOMUS
ISBN 3–8231–0130–7

sin·gen [ˈzɪŋən]
‹ist› die Kunst, seine Stimmbänder so gekonnt in Schwingungen zu versetzen, daß die Trommelfelle der Zuhörer verzückt vibrieren.
EIN FRÖHLICHES WÖRTERBUCH FÜR SINGFEXE, BADEWANNEN- BIS KAMMERSÄNGER, OPERNFANS, STIMMBILDNER UND CHORLIEBHABER
VON FRANZ R. MILLER UND K. H. BRECHEIS
TOMUS
ISBN 3–8231–0158–7

Skat·spie·len [ska:tʃpi:lən]
‹ist› die Kunst, bei Spielende mehr Augen zu haben als der oder die Mitspieler – oder gar keine.
EIN WÖRTERBUCH FÜR ALLE, FÜR DIE SKAT DAS AUFREGENDSTE SPIEL DER WELT IST, FÜR KIEBITZE, MEISTER UND ANFÄNGER
VON A. TETZLAFF UND H. MAENNER-YO
TOMUS
ISBN 3–8231–0125–0

ski·fahren [schifarn]
oder schneegleiten; die Kunst, auf zwei widernatürlichen Brettern in einer menschenfeindlichen Umwelt eine gute Figur zu machen.
EIN WÖRTERBUCH FÜR SPORTFREUNDE, PISTENSÄUE, LOIPENHIRSCHE UND ALLERLEI SCHNEEHASEN
VON THOMAS REILAND
TOMUS
ISBN 3–8231–0131–5

Spaß beim Backen
147 ausgesucht raffinierte Rezepte
DAS FRÖHLICHE BACKBUCH, DAS DIE PHANTASIE ANREGT, LUST AUF DIE ARBEIT AM HERD WECKT UND MIT DEM ALLES BESTENS GELINGT – AUCH DEN ANFÄNGERN
VON PATRICIA GRAEF UND KARL-HEINZ BRECHEIS
TOMUS
ISBN 3-8231-0530-2

Spaß beim Kochen
164 heiße Rezepte für die schnelle Küche
DAS FRÖHLICHE KOCHBUCH FÜR ALLE, DIE UNKOMPLIZIERTE UND DENNOCH ÜBERRASCHENDE GAUMENFREUDEN AUF DEN TISCH BRINGEN MÖCHTEN
VON PATRICIA GRAEF UND KARL-HEINZ BRECHEIS
TOMUS
ISBN 3-8231-0531-0

sport·flie·gen [ʃpɔrt-fli:gn]
‹ist› die Kunst, sich freiwillig auf den Spruch einzulassen: „Runter kommen sie immer!"
EIN FRÖHLICHES WÖRTERBUCH FÜR BERUFS- UND HOBBY-PILOTEN, FLUGLEHRER UND -SCHÜLER, FLUGLOTSEN, MECHANIKER UND ANDERE UNMITTELBAR BETROFFENE
VON B. PFENDTNER, P. ELGASS UND V. THOMALLA
MIT ZEICHNUNGEN VON H. MAUCH
TOMUS
ISBN 3–8231–0141–2

Squash [skvɔʃ]
‹ist› die Kunst, in einer betonierten Arena einen kleinen Kautschukball mit Hilfe eines Rackets so lange gegen vier Wände zu donnern, bis der Gegner endlich 9 Punkte hat.
EIN FRÖHLICHES WÖRTERBUCH FÜR ALLE, DIE IN IHRER FREIZEIT RICHTIG INS SCHWITZEN KOMMEN WOLLEN UND DAFÜR AUCH JEDE MENGE BLESSUREN IN KAUF NEHMEN
VON STEFAN MARKUS UND HELMUT MAUCH
TOMUS
ISBN 3–8231–0150–1

Steu·ern & Fi·nan·zen
‹sind› die Lebensnerven des Staates, dem jeder so wenig wie möglich geben möchte, um im Gegenzug so viel wie möglich zurückzubekommen.
EIN FRÖHLICHES WÖRTERBUCH FÜR EINFALLSREICHE STEUERBERATER, GESTRESSTE FINANZBEAMTE, LUSTIGE STEUERANWÄLTE, GETARNTE STEUERFAHNDER, VON TERMINDRUCK GEHETZTE FINANZPRÄSIDENTEN UND ALL DIE VIELEN VOM FORMULARKRIEG ERMÜDETEN, GEBEUTELTEN STEUERZAHLER
VON KLAUS GÖPPERT UND KLAUS PUTH
TOMUS
ISBN 3–8231–0145–5

stu·die·ren [ʃtuˈdi:rən]
‹ist› die Kunst, sich während der besten Jahre des Lebens auf einen Beruf vorzubereiten, der längst von anderen besetzt ist.
EIN FRÖHLICHES WÖRTERBUCH FÜR STUDS, EX-STUDS, ASSIS, PROFFS UND ANDERE GESCHEITERTE EXISTENZEN
VON GÜNTER ANDRÉ UND BRIAN BAGNALL
TOMUS
ISBN 3–8231–0146–3

sur·fen [sə:fn]
‹ist› die teuerste Möglichkeit, bei jedem Wind und Wetter baden zu gehen.
EIN WÖRTERBUCH FÜR ZWEI-HAND-SEGLER, SURFBOARD-KAPITÄNE UND ANDERE WASSERRATTEN
VON J. EBNER, M. FUNCKE UND P. RUGE
TOMUS
ISBN 3–8231–0115–3

tan·zen [ˈtantsn]
‹ist› die Kunst eines Paares, sich auf kleinstem Raum so frei wie irgendmöglich zu bewegen, ohne sich und anderen dabei auf die Füße zu treten.
EIN FRÖHLICHES WÖRTERBUCH FÜR TANZLEHRER UND DEREN SCHÜLER, STANDARDTÄNZER UND LATEINAMERIKANER, TANZRESSENE – WIE BLUESBAREN, MAMBOMÄUSE, TANGOTIGER UND SAMBASCHLANGEN
VON FRIEDHELM MOSER UND PETER RUTSCHKOW
TOMUS
ISBN 3–8231–0178–1

tau·chen [tauxn]
‹ist› die Kunst, sich in einer Kunststoffhaut, ausgerüstet mit Bleien und abnormalen Schwimmflossen, unter großem Druck so wohl zu fühlen wie ein Fisch im Wasser.
EIN WÖRTERBUCH FÜR ALLE, DEREN ELEMENT DAS WASSER IST, WIE BERUFSTAUCHER, MÖCHTEGERNKIEMER, BASISLEITER, SCHNORCHLER UND ANDERE FLOSSENTRÄGER
VON O. A. FRANK UND PETER RUGE
TOMUS
ISBN 3–8231–0118–8

Ten·nis [tenis]
‹ist› die Kunst, auf einen harmlosen Gummiball so loszudreschen, daß entweder der Gegner oder der Ball oder beide für immer vom Platz verschwinden.
EIN WÖRTERBUCH FÜR CRACKS, BALLAKROBATEN, TENNISFANS UND ALLE, DIE SICH BEIM JOGGING ZU EINSAM FÜHLEN
VON MICHAEL FUNCKE
TOMUS
ISBN 3–8231–0103–X

Tisch·ten·nis [tɪʃtenɪs]
‹ist› die Kunst, eine 2,5 Gramm leichte Zelluloidkugel auf Höchstgeschwindigkeit zu bringen und dort auch zu halten.
EIN FRÖHLICHES WÖRTERBUCH FÜR ALLE AMATEURE, FANS, GARTEN-, HOBBY- UND KELLER-SPORTLER UND ALLE, DIE SCHON IMMER MAL EIN NETZ ÜBER DEN FAMILIENTISCH SPANNEN WOLLTEN
VON STEFAN MARKUS UND MOSHE SÜSSER
TOMUS
ISBN 3–8231–0155–2

tur·nen [turnən]
‹ist› die Kunst, sich an verschiedenen Geräten so elegant in Gefahr zu begeben, daß selbst ein kurzsichtiger Kampfrichter nicht umhin kann, die Höchstnote zu geben.
EIN FRÖHLICHES WÖRTERBUCH FÜR FLIEGENDE MENSCHEN AN RECK UND BARREN, RINGEN UND SEITPFERD UND AUF DEM BODEN, ÜBERFORDERTE PUNKTRICHTER, LANGLEBIGE FUNKTIONÄRE UND ZUSCHAUER, DIE VON BLUTJUNGEN TURNERINNEN VERZAUBERT WERDEN
VON GERRIT WOCKENER UND KLAUS MEINT
TOMUS
ISBN 3–8231–0161–7

Va·ter [fa:te]
‹werden ist› die Nichtkunst, den kleinen Anstoß für einen neuen Erdenbürger zu geben, und die große Kunst, dann jahrelang die Nerven zu behalten.
EIN FRÖHLICHES WÖRTERBUCH FÜR VERLIEBTE, VERLOBTE, VERHEIRATETE, EHEBERATER, AUFKLÄRUNGSEXPERTEN UND PSYCHOLOGEN
VON GERRIT WOCKENER UND KLAUS PUTH
TOMUS
ISBN 3–8231–0160–9

ver·arz·ten [fer·a:rtstn]
‹ist› die Kunst des Arztes, einen Patienten so zu behandeln, daß er recht bald und gerne wieder zu ihm kommt.
Gute Besserung!
EIN WÖRTERBUCH FÜR HEILUNGSUCHENDE, ARZTE, ASSISTENT(INN)EN, KRANKENSCHWESTERN, APOTHEKER, HEILPRAKTIKER UND SANITÄTER
VON DR. MED. MICHAEL FUNCKE
TOMUS
ISBN 3–8231–0132–3

ver·hei·ra·tet [fer·hai·ra:tet]
Zustand vorübergehender Verliebtheit, der im Idealfall ein Leben lang anhält.
EIN BELEHRENDES WÖRTERBUCH FÜR HEIRATSLUSTIGE, BRAUTPAARE, EHESCHLIESSENDE, EHEJUBILARE, HAUSFREUNDE UND ANDERE BETROFFENE
VON C. J. FRANK
TOMUS
ISBN 3–8231–0133–1

Ver·kauf & Wer·bung
‹ist› die Kunst, sich stets das nach Meinung des Kunden Richtige einfallen zu lassen, um Ware schneller an den Mann/die Frau zu bringen – auch wenn sie eigentlich niemand braucht.
EIN FRÖHLICHES WÖRTERBUCH FÜR WERBETREIBENDE, ART DIRECTORS, HANDELSVERTRETER UND ALLE, DIE WISSEN WOLLEN, WIE IHRE ›SPONTANEN‹ KÄUFE ZUSTANDE KOMMEN
VON GÜNTER STEIN UND KLAUS PUTH
TOMUS
ISBN 3–8231–0148–X

ver·liebt [fɛɐ̯ˈli:pt]
‹sein ist› die Kunst, den Kopf zu verlieren und trotzdem wundervoll weiterzuleben.
EIN FRÖHLICHES WÖRTERBUCH FÜR ALL DIE GLÜCKLICHEN, DIE AUS LIEBE VORÜBERGEHEND ZU JEDER DUMMHEIT FÄHIG SIND
VON C. J. FRANK UND PETER RUGE
TOMUS
ISBN 3–8231–0142–0

wan·dern [wan'dern]
‹ist› die Lust, aus eigenem Antrieb vorab meist unterschätzte Strapazen in der Hoffnung auf sich zu nehmen, glücklich an den Ausgangspunkt zurückzukehren.
EIN FRÖHLICHES WÖRTERBUCH FÜR FLACHLAND-, BERG-, RAD-, WASSER- UND WATTWANDERRATTEN, FÜR FUSSKRANKE UND IHRE SANITÄTER, HÜTTENWIRTE UND ZWANGSREKRUTIERTE FAMILIENANGEHÖRIGE
VON NIKOLAUS BAVARIUS UND JOHANN S. SCHRANK
TOMUS
ISBN 3-8231-0186-2

Wien
heiter betrachtet
EIN FRÖHLICHER REISEFÜHRER FÜR GEBÜRTIGE WIENER, FÜR ZUGEREISTE UND FÜR NEUE UND IMMER WIEDERKEHRENDE GÄSTE DER LIEBENSWERTEN WIENERSTADT
VON BARTEL F. SINHUBER UND DIETER ZEHENTMAYR
TOMUS
ISBN 3-8231-0547-7

TOMUS-Bücher machen Spaß